QUICKCHECK FRENCH

by
Françoise Mercier

The title of the German book is *QuickCheck Französisch*

Translated from the German by Kathleen Luft.

All inquiries should be addressed to:
Barron's Educational Series, Inc.
250 Wireless Boulevard
Hauppauge, NY 11788

Library of Congress Catalog Card No. 97-31024

International Standard Book No. 0-7641-0308-3

Library of Congress Cataloging-in-Publication Data
Mercier, Françoise.
[QuickCheck Französisch. English]
QuickCheck French / Françoise Mercier.
p. cm. — (Quickcheck)
ISBN 0-7641-0308-3
1. French language—Textbooks for foreign speakers—English. 2. French language—Grammar—Problems, exercises, etc. 3. French language—Self-instruction. I. Title. II. Series: Quick check (Hauppauge, N.Y.)
PC2139.E5M47 1997
448.2'421—dc21 97-31024
CIP

Printed in the United States of America

9 8 7 6 5 4 3 2 1

About This Book

QuickCheck French contains 50 tests, each two pages in length, designed to help you evaluate your command of the French language and your familiarity with various aspects of French culture.

You can use *QuickCheck French* as a fast and fun way to test, increase, and improve your knowledge of the language.

QuickCheck French also allows you maximum flexibility as you learn: You can take the tests in any order you choose, depending on your mood or inclination.

First, try to work through the tests without looking at the answer section in the back of the book. Then, compare your answers with the keys. There you will also find explanations that help you understand why an answer is right or wrong.

The sections marked TIP provide you with further interesting information about the topics, additional vocabulary words and expressions, or helpful grammar hints.

Cross-references will direct you to additional information about similar topics elsewhere in the book.

Words and concepts that may be unfamiliar to you and that are not translated in the answer section can be found in the Glossary at the back of the book.

We wish you a great deal of fun and success in learning with *QuickCheck French!*

Contents

Enchanté !

In which situations might you hear the following sentences? Use these abbreviations to mark the correct answer(s): when greeting someone (G), when receiving guests (R), when making an introduction (I), or when saying good-bye (S).

1. ☐ ☐ Bonjour, Patrick Delcour à l'appareil !
2. ☐ ☐ Ravi de faire votre connaissance !
3. ☐ Tiens ! Christian ! Salut !
4. ☐ Bonne continuation !
5. ☐ A la prochaine !
6. ☐ Viens, je vais te présenter à mon père !
7. ☐ Enchanté !
8. ☐ Désolé, il faut que je parte !
9. ☐ ☐ Bienvenue à tous !
10. ☐ ☐ Nous avons le plaisir d'accueillir Sylvie Girardet.
11. ☐ A un de ces quatre !
12. ☐ C'est Valérie dont je t'ai parlé tout à l'heure !
13. ☐ Vous connaissez M. Delaroche ?

14. ☐ Bonjour, comment allez-vous ?

15. ☐ Entrez, je vous prie ! Ça nous fait plaisir de vous voir !

16. ☐ Au revoir !

17. ☐ J'ai rendez-vous à 10h avec Madame Leblanc.

18. ☐ Asseyez-vous ! Qu'est-ce que je vous offre ?

19. ☐ Bon voyage ! Mes amitiés à ta famille !

20. ☐ Bonne chance !

QUICK CHECK 2 **VOCABULARY**

Mots recomposés

Using one word from each group of words in the box, write each compound in the blank next to its English equivalent.

1. Family of five ____________________
2. Double room ____________________
3. Airline ticket ____________________
4. Iron *(appliance)* ____________________
5. 100-franc bill ____________________
6. Garlic sausage ____________________
7. Apricot tart ____________________
8. Bottle of water ____________________
9. Washing powder ____________________
10. Winter sports resort ____________________
11. Ballpoint pen ____________________
12. Travel bag ____________________
13. Microwave oven ____________________
14. Mailbox ____________________

15. Sunbeam ____________________

16. Sunglasses ____________________

17. Bedroom ____________________

18. Ski boots ____________________

19. Wine glass ____________________

20. Toothbrush ____________________

sac ◆ billet ◆ bouteille
station ◆ rayon ◆ billet ◆ chaussures
famille ◆ chambre ◆ chambre ◆ boîte
poudre ◆ tarte ◆ fer ◆ brosse ◆ lunettes
saucisson ◆ four ◆ stylo ◆ verre

de ◆ d' ◆ à ◆ aux

sports d'hiver ◆ soleil ◆ ski
voyage ◆ cent francs ◆ avion
cinq personnes ◆ soleil ◆ repasser
deux lits ◆ micro-ondes ◆ coucher
lettres ◆ l'ail ◆ dents ◆ abricots
laver ◆ bille ◆ eau ◆ vin

CHECK 3 **GRAMMAR**

Prépositions

Indicate the correct preposition by putting an X in the appropriate box.

1. ______________ cette limite, votre ticket n'est plus valable.
   ☐ Avant ☐ Au-delà de ☐ Devant
2. Cet étudiant vient de faire un stage __________ six mois à Nantes.
   ☐ pour ☐ dans ☐ pendant
3. ______________ la rapidité des secours, les blessés ont été très vite soignés.
   ☐ A cause de ☐ Grâce à ☐ Sans
4. ______________ la pluie, la course a dû être annulée.
   ☐ Depuis ☐ Malgré ☐ En raison de
5. ______________ six semaines en France, il parlait déjà couramment le français.
   ☐ Avant ☐ Au bout de ☐ Pendant
6. ____________ grève, les trains ne rouleront pas pendant deux heures.
   ☐ Devant ☐ Après ☐ En cas de
7. ______________ une semaine, je n'ai pas ouvert un seul journal.
   ☐ Depuis ☐ Pour ☐ Par-dessus
8. Ils sont partis en Afrique ____________ un mois.
   ☐ avant ☐ dans ☐ il y a
9. On leur offre un emploi ____________ deux ans au Maroc.
   ☐ par ☐ pour ☐ sur

10. Ils sont partis ____________ emporter de parapluie.

☐ sans ☐ avec ☐ en

11. Attendez-nous ____________ le cinéma à sept heures !

☐ devant ☐ avant ☐ sur

12. Il y a du bruit dans l'immeuble ____________ six heures du matin. C'est infernal !

☐ sur ☐ envers ☐ dès

13. Ils veulent escalader la montagne ____________ les dangers.

☐ sous ☐ malgré ☐ derrière

14. Le soleil brille souvent ____________ nuages !

☐ au-dessous des ☐ dans ☐ au-dessus des

15. Elle pense terminer son doctorat ____________ trois mois.

☐ en ☐ sous ☐ à partir de

16. Il faut rapporter ce formulaire ____________ quinze jours.

☐ en ☐ d'ici ☐ dès

17. Les gens ne s'intéressent plus ____________ grand-chose.

☐ pour ☐ à ☐ dans

18. On s'interroge ____________ les causes de l'accident.

☐ par ☐ à ☐ sur

Connaissez-vous Paris ?

The French press uses a variety of designations for many buildings and institutions in Paris. Can you match these names with the official ones?

1. La Résidence du Président de la République Française
2. Le Ministère des Affaires étrangères
3. La Place Charles de Gaulle
4. Le Centre Pompidou
5. L'Université de Paris
6. L'Académie Française
7. La Bourse
8. L'Assemblée Nationale
9. L'Opéra
10. Le quartier des étudiants
11. Le 13ème arrondissement
12. La Comédie Française
13. La grande Arche de la Défense
14. Le Ministère des Finances
15. La Tour Eiffel
16. La Résidence du Premier Ministre
17. La Préfecture de Police

a) Le Centre Beaubourg
b) Le Palais Brongniart
c) Le Palais Garnier
d) Le Quai d'Orsay
e) Le Palais Bourbon
f) L'Elysée
g) L'Etoile
h) La Sorbonne
i) Le Quai de Conti
j) Bercy
k) L'Arche de la Fraternité
l) Le Quai des Orfèvres
m) Le Quartier latin
n) L'hôtel Matignon
o) Chinatown
p) La Salle Richelieu
q) La Dame de Fer

Pour les programmeurs

All the words in the puzzle have to do with electronic data processing. Enter the words horizontally in the blanks. The solution to the puzzle is a very familiar device!

1. Elle collecte et conserve des informations.
2. « Hardware » en français.
3. Système qui visualise sur un écran des pages d'informations par le réseau téléphonique.
4. Langage de programmation.
5. Cet appareil nous fournit un texte traité sur un support papier.
6. C'est un ensemble de circuits connectés entre eux.
7. Petit disque sur lequel on peut mémoriser et consulter des données.
8. « Software » en français.
9. Elle positionne une marque sur l'écran.
10. « Digital » en français.

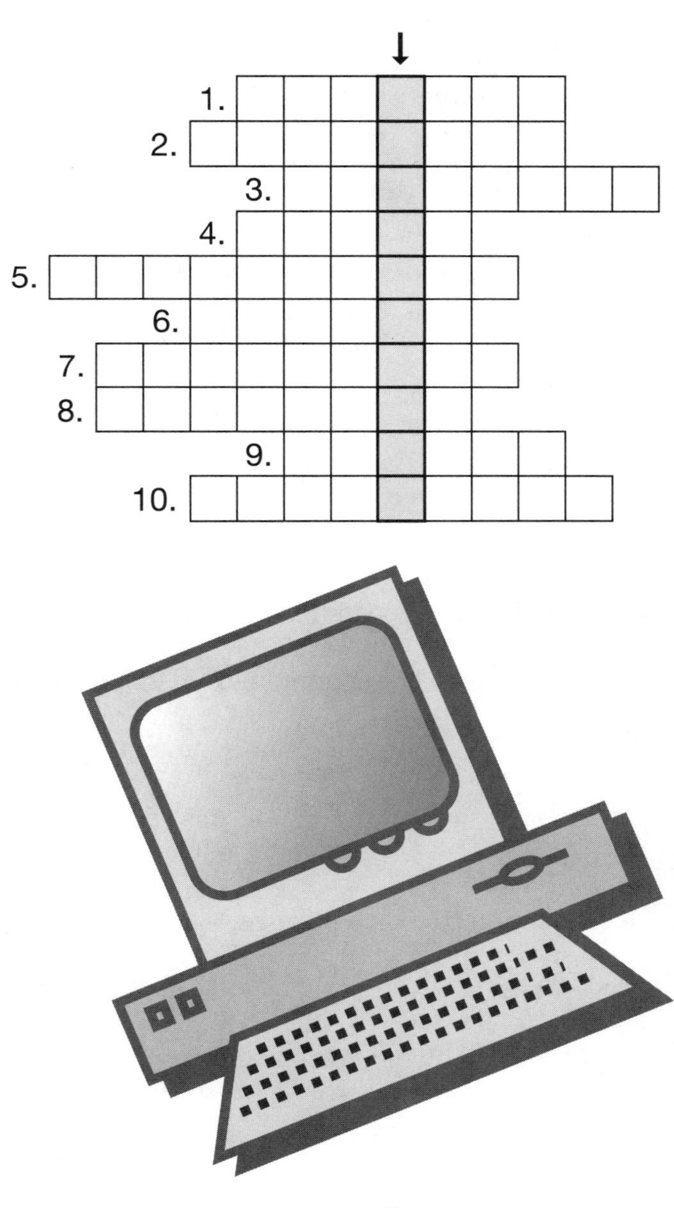
1.
2.
3.
4.
5.
6.
7.
8.
9.
10.

En français familier ?

A second, rather formal dialogue has crept into a conversation between two young friends. Check all the sentences that belong to the young people's conversation.

☐ Bonjour, monsieur, que puis-je pour vous ?

☐ J'ai rendez-vous avec Monsieur Dupuis.

☐ Tiens, salut !

☐ Salut, Vincent !

☐ Un instant, je vous prie…

☐ Ça fait vachement longtemps, dis donc !

☐ Ouais, j'ai bossé dur pour mon exam' ! Je l'ai eu !

☐ Chouette ! Dis donc, c'est ta copine, cette nana ?

☐ Monsieur Dupuis est occupé. Il vous recevra dans dix minutes.

☐ Déconne pas, c'est ma frangine !

☐ Elle est casée ?

☐ Oui. Pas de problème, je suis en avance.

☐ Vous désirez un café ?

☐ J'crois pas !

☐ J'peux la draguer ?

☐ Non merci ! Je vais profiter du soleil dehors.

☐ T'as qu'à essayer, tu verras bien !

☐ Ah bon, elle peut m'envoyer sur les roses ?

☐ Mon vieux, c'est ton problème !

☐ Comme il vous plaira, Monsieur.

☐ On va au cinoche ce soir ?

☐ D'accord, alors à ce soir.

Trait d'union

Using a word from each box to form hyphenated compounds, then match them with the appropriate definitions.

amuse ◆ porte ◆ épluche ◆ perce

coupe ◆ lave ◆ pense ◆ abat

remonte ◆ taille

jour ◆ gueule ◆ neige ◆ bête

monnaie ◆ légumes ◆ vaisselle

pente ◆ papier ◆ crayon

1. Pour ouvrir les lettres, vous avez besoin d'un ______________________.
2. Pour enlever la peau des pommes de terre, il faut un ______________________.
3. C'est un appareil pour laver les assiettes et les verres : un ______________________.
4. Pour ne rien oublier, vous écrivez un ______________________.

5. Un ______________________________ adoucit la lumière d'une lampe.

6. Un ______________________________ contient de l'argent.

7. Un petit biscuit salé, c'est un ______________ __________________.

8. La première fleur blanche du printemps, c'est un(e) ______________________________.

9. Pour aiguiser vos crayons, il vous faut un ______________________________.

10. Pour monter sur la montagne sans se fatiguer, on prend un ______________________________.

CHECK 8 **GRAMMAR**

Le subjonctif (1)

Put the verbs in parentheses into the subjunctive.

1. Il est curieux qu'ils ne se ____________________ (être) pas aperçus de leur erreur.
2. C'est insupportable pour les usagers qu'il y ____________________ (avoir) encore une grève.
3. Il est indispensable qu'elle ____________________ (prendre) des vacances pour se remettre.
4. Il vaut mieux que tu ____________________ (venir) tout seul.
5. Il est urgent que nous ____________________ (annoncer) la nouvelle.
6. Il est vivement conseillé que vous ____________________ (réserver) vos places.
7. Je trouve normal que les enfants ____________________ (aller) se coucher.
8. Nos amis préfèrent que nous ____________________ (partir) demain matin.
9. Il déteste que vous le ____________________ (prendre) en photo.
10. On ne comprend pas qu'il ne ____________________ (dire) rien.

11. Nous interdisons que vous _______________ (fumer) dans cette salle.

12. Le mieux serait qu'on _______________ (revenir) dans deux jours.

13. Il est souhaitable que vous _______________ (remplir) le formulaire.

14. Il est grand temps que vous _______________ (aller) prendre votre bus.

15. Il faudrait qu'on _______________ (savoir) clairement s'il vient ou non.

CHECK 9

SOMETHING DIFFERENT

Devinettes (1)

Can you use the definitions and partially completed sentences below to guess the words that belong in the blanks?

Riddle 1

Elle est en verre et en acier. Elle a été construite à Paris mais a été très contestée.
Elles sont très célèbres en Egypte aussi.
Ce monument a une forme géométrique.

C'est la ______________________________.

Riddle 2

On trouve des vieux objets au marché aux **?** .
Les cartes magnétiques modernes sont équipées de **?** .
C'est aussi un insecte.

C'est la ______________________________.

Riddle 3

Gilbert Bécaud pense que « l'important, c'est la **?** ».
Patricia Kaas chante « **?** Kennedy ».
Edith Piaf voit « la vie en **?** ».

C'est la ______________________________.

Riddle 4

Dans la chanson de Charles Trenet, on la « voit danser le long des golfes clairs ».

Dans la composition musicale de Claude Debussy, on l'entend s'exprimer par tous les temps.

C'est la ______________________________.

Le Minitel

Some words are missing in the following passage. Fill in the blanks with words from the box.

accéder ◆ accessibles ◆ annuaire

baccalauréat ◆ billet ◆ cadres

code ◆ compte ◆ compte

connexion ◆ courses ◆ distribuer

expérience ◆ indéniable ◆ numéro

papier ◆ participer ◆ professions

sortes ◆ sportifs

Le Minitel, c'est un petit terminal de consultation de banques de données relié au téléphone commercialisé par les P&T. En 1980, la Direction Générale des Télécommunications a décidé de ________________ (1) gratuitement le Minitel dans 3000 foyers, à titre expérimental, pour remplacer l'________________ (2) de téléphone en papier.

L'________________ (3) a été jugée positive. Plus tard, de nouveaux services ont été installés, ________________ (4) aux entreprises. Puis un service « grand public » pour tous les Français est mis en place.

Pour y _______________ (5), il suffit de composer le _______________ (6) 3615, puis de taper un _______________(7) d'accès pour obtenir toutes _______________(8) d'informations : chercher un numéro de téléphone, dialoguer avec un partenaire, _______________ (9) à des jeux, réserver un _______________ (10), gérer un _______________ (11) bancaire, faire ses _______________ (12) par correspondance, obtenir les corrigés du _______________ (13) ou les résultats _______________ (14), les cours de la Bourse, s'inscrire à l'université, etc.

Quinze ans plus tard, le succès du Minitel est _______________ (15) : on en _______________ (16) plus de six millions qui représentent environ 98 millions d'heures de _______________ (17). Il est possible d'obtenir les renseignements sur _______________ (18) si on connecte une imprimante au Minitel.

A la maison, ce sont surtout des _______________ (19) de l'industrie et du commerce et les _______________ (20) libérales qui l'utilisent.

QUICK CHECK 11 SITUATIONS

Bonne chance !

What would you say or write in the following situations? Fill in the correct expressions.

1. Quelqu'un part le matin :
   Bonne _______________
2. Votre mère fête ses 50 printemps :
   Bon _______________
3. Votre collègue part en vacances :
   Bonnes _______________
4. Ce soir, vos amis vont à un spectacle :
   Bonne _______________
5. Vous vous mettez à table :
   Bon _______________
6. Vos enfants partent en voiture :
   Bonne _______________
7. Quelqu'un s'apprête à faire quelque chose de difficile : Bon _______________
8. Des amis rentrent chez eux :
   Bon _______________
9. Le 31 décembre à minuit :
   Bonne _______________
10. A la fin d'une lettre à des proches parents ou proches amis : Bons _______________

11. Quelqu'un va se coucher :
    Bonne _______________

12. C'est le jour de la Saint-Jean, le 24 juin :
    Bonne _______________ à tous les « Jean »

13. Quelqu'un va passer un examen :
    Bonne _______________

14. Quelqu'un part faire ses courses :
    Bonnes _______________

15. Quelqu'un part en train :
    Bon _______________

16. Un ami est malade :
    Bon _______________

17. C'est le 24 décembre :
    Bon _______________

18. Une collègue désagréable annonce sa
    démission : Bon _______________

19. Le vendredi, vous dites :
    Bon _______________

Quick CHECK 12 **VOCABULARY**

Les parties du corps

In French, many figures of speech contain words for parts of the body. Can you fill in the missing words? The drawings will help you.

1. *Il aime bien manger.* – C'est une fine _______________.
2. *J'ai très faim.* – J'ai l'estomac dans les _______________.
3. *On est tombé sur un problème difficile.* – On est tombé sur un ____________.
4. *La police est en alerte.* – La police est sur les _______________.
5. *Tu te fais des illusions.* – Tu te fourres le _______________ dans l'____________.
6. *Vous le regretterez.* – Vous vous en mordrez les _______________.
7. *Il boit beaucoup.* – Il lève le _______________.
8. *C'est très mal fait.* – C'est fait par-dessus la _______________.

9. *Je suis très fatigué.* – Je suis sur les _______________.

10. *Ils sont rentrés gratuitement.* – Ils sont rentrés à l' _______________.

11. *Elle est très généreuse.* – Elle a le ___________ sur la _______________.

12. *C'est le sous-chef.* – C'est le ___________ droit du patron.

13. *Vous m'agacez.* – Vous commencez à me chauffer les _______________.

14. *Elle est de mauvaise humeur.* – Elle s'est levée du _______________ gauche.

15. *Ça va vous arriver !* – Ça vous pend au _______________.

16. *C'est bien fait pour lui.* – Ça lui fait les _______________.

17. *Elle se prend pour un génie.* – Elle se croit sortie de la _______________ de Jupiter.

Votre horoscope

What does the future hold for you? In the following horoscopes, put the verbs in parentheses into the future tense.

1. ***Bélier***
Mars ________________ (quitter) votre signe cette semaine. Ce départ vous ________________ (rendre) moins conquérant. De bonnes nouvelles d'héritage ne ________________ (être) pas impossibles.

2. ***Taureau***
Chez vous, on ________________ (faire) des projets. On vous ________________ (annoncer) peut-être une bonne nouvelle. Certains ________________ (voir) leurs efforts récompensés.

3. ***Gémeaux***
Vous ________________ (être) en pleine forme. Comme d'habitude, vous ________________ (foncer). ________________ (avoir) -vous le temps de vous reposer?

4. ***Cancer***
Vos succès vous ________________ (pousser) à flirter. Ce ________________ (être) dangereux pour la vie de votre couple.
Il ________________ (falloir) aussi vous relaxer !

5. ***Lion***
Vos succès ________________ (se concrétiser) dans le domaine des finances. En famille, vous ________________ (pouvoir) vivre de bons moments.

6. *Vierge*

Des tempêtes en perspective. Bientôt, ça _________ _________ (aller) mieux. Vos amis vous ______________ (écouter). De l'exercice physique vous ______________ (aider) à supporter les moments difficiles.

7. *Balance*

Vous _________________ (construire) votre avenir avec un partenaire qui _________________ (avoir) besoin de vous. La vie _________________ (être) fatigante au bureau parce que vous _________________ (vouloir) être parfait.

8. *Scorpion*

Vous _________________ (avoir) intérêt à exposer vos idées clairement. Les copains de votre club sportif vous _________________ (soutenir).

9. *Sagittaire*

Vous _________________ (mettre) cette période à profit pour organiser vos projets. Vous _________________ (devoir) accepter un peu de fatigue.

10. *Capricorne*

Beaucoup d'événements _________________ (venir) pimenter votre vie sentimentale. Une association _________________ (pouvoir) se faire grâce à vos contacts très intéressants.

11. *Verseau*

Vos liens _________________ (devenir) plus solides. Vous _________________ (accumuler) les succès dans la vie professionnelle.

12. *Poissons*

Vous _________________ (vivre) une période sentimentale heureuse. Vous _________________ (maintenir) votre bonne forme.

CHECK 14 **WATCH OUT: TRICK QUESTIONS!**

Les fêtes

Are the following statements about French holidays correct? Mark the boxes with T (true) or F (false).

1. ☐ Le premier janvier, c'est la première fête religieuse de l'année.

2. ☐ Le 6 janvier, c'est l'Epiphanie et les Français travaillent, ce n'est pas un jour férié.

3. ☐ Mardi Gras, on se déguise et on s'amuse dans toutes les villes de France.

4. ☐ Pâques se fête en mars ou en avril, c'est une fête religieuse, toujours un dimanche. Le lundi de Pâques, les Français ne travaillent pas.

5. ☐ Le premier mai, c'est la fête du muguet.

6. ☐ Les Français vont travailler le premier mai pour célébrer la fête du travail.

7. ☐ Le jour de l'Ascension est aussi la fête des pères en France.

8. ☐ En mai ou en juin, les enfants font des cadeaux à leurs mères.

9. ☐ En mai et juin, il y a deux fêtes religieuses.

10. ☐ Le 10 juillet, les Français célèbrent leur fête nationale.

11. ☐ Les Français ont un jour de congé le 15 août.

12. ☐ Le premier novembre, les Français honorent les morts et déposent des chrysanthèmes sur les tombes dans les cimetières.

13. ☐ Les Français fêtent la fin de la première guerre mondiale le 11 novembre.

14. ☐ La grande fête de l'année pour les enfants s'appelle Noël, ils reçoivent des cadeaux. C'est le 25 décembre et les Français ont un jour de congé.

15. ☐ La Saint-Sylvestre est la dernière fête religieuse de l'année, le 31 décembre.

16. ☐ La fête des amoureux, c'est le 14 février, la Saint-Valentin.

CHECK 15

SOMETHING DIFFERENT

Abréviations

What is hidden behind the following abbreviations? The words in the box will help you find the correct meanings. Be careful: you need to put the parts of the compounds together in the right order.

1. AOC ______________________
2. SNCF ______________________
3. CV ______________________
4. VDQS ______________________
5. SIDA ______________________
6. PDG ______________________
7. TVA ______________________
8. SARL ______________________
9. PNB ______________________
10. CEDEX ______________________
11. TGV ______________________
12. PACA ______________________
13. VTT ______________________

14. SA ______________________________

15. B.C.B.G. ______________________________

brut ◆ produit ◆ national
d'entreprise à ◆ courrier ◆ distribution
exceptionnelle ◆ responsabilité
société ◆ limitée ◆ anonyme à
ajoutée ◆ taxe à la ◆ valeur
français ◆ nationale des ◆ société ◆ chemins de fer
supérieure ◆ délimité de ◆ qualité ◆ vin
tout ◆ vélo ◆ terrain
Côtes ◆ Provence ◆ d'Azur ◆ Alpes
chic ◆ bon ◆ bon ◆ genre
anonyme ◆ société
contrôlée ◆ d'origine ◆ appellation
acquis ◆ syndrome ◆ déficitaire ◆ immuno-
vitesse ◆ train à ◆ grande
-directeur ◆ président ◆ général
vitae ◆ curriculum

CHECK 16

SOMETHING DIFFERENT

Correspondance

In this test, four letters have been torn in half. Can you put them back together again?

☐

1.
Mesdames,
Messieurs,
Nous vous confirmons votre départ le 10 octobre prochain à 10h 45 et vous prions de vous présenter à notre guichet de l'aéroport où notre accompagnatrice vous attendra.

☐

2.
Cher client,
Nous sommes au regret de vous annoncer que votre compte présente un solde débiteur de 10.785 F, montant qui correspond à la facture n° 627.

☐

3.
Chers tous deux,
Nous aimerions vous inviter le week-end prochain. Pourriez-vous nous appeler le soir, de préférence, pour nous confirmer votre arrivée ?

☐

4.
Monsieur le Directeur,
Veuillez trouver ci-joint un chèque d'un montant de 8000 F correspondant aux arrhes à verser pour mon séjour à Royan du 4 au 26 juillet prochain.

a)
En vous souhaitant bonne réception, je vous prie d'agréer, Monsieur le Directeur, l'expression de mes salutations distinguées.

b)
Le répondeur sera branché. Nous serons heureux de vous revoir.
A bientôt

c)
Nous comptons sur votre ponctualité et vous prions d'agréer, Mesdames, Messieurs, l'expression de nos meilleurs sentiments.
Votre agent Voyages Sans Frontières

d)
Nous sommes certains qu'il s'agit d'un oubli de votre part et serions heureux que vous fassiez le nécessaire afin d'honorer vos engagements.
En raison de nos bonnes relations, nous vous accordons un délai supplémentaire d'une semaine.
Dans l'attente de votre paiement, nous vous prions d'agréer, cher client, l'expression de nos salutations distinguées.

Spécialités régionales

From which regions of France do the following specialties come?

1. ☐ la bouillabaisse
2. ☐ la choucroute
3. ☐ le cassoulet
4. ☐ les crêpes
5. ☐ le calvados
6. ☐ les tripes
7. ☐ le nougat
8. ☐ la poularde
9. ☐ les huîtres
10. ☐ la tarte flambée
11. ☐ la moutarde
12. ☐ le gigot de pré-salé
13. ☐ la fondue savoyarde
14. ☐ le Saint-Emilion
15. ☐ le bœuf bourguignon
16. ☐ les truffes
17. ☐ le foie gras
18. ☐ le thon
19. ☐ le melon
20. ☐ le Roquefort
21. ☐ le pavé de boeuf
22. ☐ la salade niçoise

a) Dijon
b) l'Alsace (2 x)
c) la Savoie
d) la Bretagne (2 x)
e) Toulouse et le Sud-Ouest
f) le Bordelais
g) Nice
h) Caen
i) le Périgord (2 x)
j) Cavaillon/Provence
k) la Bourgogne
l) Marseille
m) le Mont-Saint-Michel
n) la Normandie
o) le Charolais/Massif Central
p) Montélimar
q) la Bresse
r) les Causses/Massif Central
s) le Pays Basque

QUICK CHECK 18 GRAMMAR

Le subjonctif (2)

Put the verbs in parentheses in the subjunctive.

1. Nous sommes tristes que vous ne ____________ (pouvoir) pas accepter notre invitation.

2. Tes parents seront contents que tu ______________ (réussir) tes examens.

3. Je suis désolée que vous ______________ (devoir) attendre encore un peu.

4. Les supporters sont déçus que leur équipe ______________ (n'avoir pas gagné).

5. Ça m'agace qu'ils ne ______________ (savoir) pas se taire.

6. La population est soulagée que la guerre ______________ (être) finie.

7. J'ai hâte que vous ______________ (rentrer) de vacances.

8. On est surpris qu'ils ______________ (n'avoir pas encore téléphoné).

9. Les gens exigent qu'on ______________ (mettre) fin à la famine.

10. Tout le monde approuve que les gouvernements ________________ (vouloir) faire cesser le trafic de la drogue.

11. L'essentiel, c'est qu'on ________________ (avoir) la santé.

12. Nous sommes étonnés que ce film ne vous ________________ (plaire) pas.

13. Il aimerait bien que vous lui ________________ (téléphoner) demain.

14. Les voisins ne supportent pas que les enfants ______________ (faire) du bruit.

15. Ça nous fait plaisir que vous ______________ (venir) nous voir.

16. Le rêve serait que tu ne ________________ (faire) pas trop de fautes.

17. Le plus triste, c'est qu'on ______________ (devoir) rentrer dans deux jours.

CHECK 19

SOMETHING DIFFERENT

L'apéritif

This will test your knowledge of the French tradition of the aperitif. Mark the correct answers with an X. Watch out: some may have more than one correct answer.

1. A l'apéritif, vous invitez

☐ a) des copains.
☐ b) des personnes que vous connaissez très bien.
☐ c) des personnes que vous connaissez peu.

2. L'invitation à l'apéritif se fait

☐ a) vers 11h 30 avant le déjeuner.
☐ b) le soir après le dîner.
☐ c) vers 18h 30.

3. La tradition de l'apéritif, c'est

☐ a) une mode.
☐ b) une fonction sociale.
☐ c) refuser d'inviter des gens à dîner.

4. Comme apéritif, on sert

☐ a) de l'eau minérale.
☐ b) du cognac.
☐ c) des vins cuits.
☐ d) de la bière.

5. Le kir est aussi un apéritif, c'est

☐ a) du vin rouge et de l'eau.
☐ b) du vin blanc et de l'eau.
☐ c) de la crème de cassis et du vin blanc.

6. Les boissons anisées (Pernod, Pastis, Ricard)

☐ a) sont des digestifs.
☐ b) se boivent avec de l'eau.
☐ c) se boivent sans eau.

7. On mange

☐ a) un grand repas.
☐ b) des biscuits salés.
☐ c) des pâtisseries sucrées.
☐ d) rien.

8. La France

☐ a) produit beaucoup de sortes d'apéritifs.
☐ b) n'en produit pas.

9. La grande région productrice, c'est

☐ a) la Champagne.
☐ b) le Bordelais.
☐ c) le Roussillon.

Au restaurant

The lines of this dialogue between a guest (•) and a waitress (♦) in a restaurant have become somewhat jumbled. Can you straighten things out and put the conversation in the correct sequence?

☐ • Oui. C'est terminé.

☐ ♦ Un café ?

6 • Qu'est-ce que c'est, cette entrecôte aux herbes ?

☐ ♦ Saignante ou à point ?

☐ • Oui, un café et l'addition, s'il vous plaît.

☐ • Saignante.

☐ ♦ Une entrecôte grillée avec des herbes aromatiques : de l'ail, du persil, du thym et de la ciboulette.

☐ • Qu'est-ce que vous me conseillez ?

☐ ♦ Très bien. Et ensuite ?

☐ • Oui, c'est une idée.

☐ ♦ Un fromage ou un dessert ?

☐ • Une demi-Côtes-du-Rhône et un demi-Vittel.
...

☐ ♦ Nos grillades sont excellentes.

1 ♦ Vous avez choisi ?

☐ • Ah non ! Je n'aime pas l'ail.

15 ♦ C'est terminé ?

☐ • Un fromage, s'il vous plaît. ...

☐ ♦ Prenez une entrecôte toute simple.

☐ • Pour commencer, je vais prendre une salade aux noix.

☐ ♦ Et comme boisson ?

CHECK 21 **SITUATIONS**

Dans une boutique de mode

The conversation between a customer (•) and the salesclerk (♦) has become muddled. Can you put the parts of the dialogue in the correct sequence?

☐ • Pure laine, de préférence !

☐ ♦ Vous avez raison, il vous va très bien.

☐ ♦ Bleu clair, bleu marine ?

☐ • Je peux l'essayer ?

☐ • Où est la caisse ?

☐ • Oui, j'aimerais un beau bleu.

☐ ♦ Oui, en voilà un.

16 ♦ Je vous apporte un 36. ... Tenez ! Essayez-le !

☐ • Un peu large, je trouve.

☐ ♦ J'ai ceci, par exemple.

☐ ♦ En pure laine ou en mélangé ?

☐ ♦ Là-bas, à droite. ... Merci, Madame. Au revoir, Madame.

☐ ♦ Bien sûr. Vous avez une cabine, juste derrière vous.

☐ • Oui, s'il vous plaît. Je cherche un pull à col roulé.

☐ ♦ Il vous va comment ?

1 ♦ Bonjour, Madame. Je peux vous aider ?

☐ • Un bleu pour aller avec mon jean.

☐ • Oui, c'est pas mal. Vous l'avez en 38 ?

☐ ♦ Vous cherchez une couleur précise ?

☐ • Ah oui, c'est beaucoup mieux. Je le prends !

CHECK 22 **VOCABULARY**

Faites votre valise !

Seventeen words for articles of clothing are hidden below. Draw an oval around each word you find.

Z	A	P	R	O	W	D	K	D	C	I	L	E	V
S	N	U	A	N	O	R	A	K	L	M	E	C	A
Q	V	E	B	L	U	A	V	F	Z	P	K	J	E
H	E	U	L	B	E	O	R	O	B	E	D	U	U
T	S	M	R	E	F	A	T	U	B	R	C	P	A
F	T	O	P	A	N	T	A	L	O	N	H	E	C
U	E	C	N	H	S	E	D	A	T	L	A	N	O
D	K	H	E	U	R	I	L	R	T	P	U	L	L
C	H	E	M	I	S	E	D	D	E	N	S	Q	L
S	X	M	T	X	L	O	N	H	S	T	S	O	A
V	I	I	A	S	R	Q	F	G	P	G	E	I	N
I	E	S	H	B	O	N	N	E	T	B	T	T	T
T	A	I	L	L	E	U	R	I	L	L	T	S	H
M	J	E	H	C	E	I	N	T	U	R	E	P	F
A	S	R	Q	F	G	P	G	A	N	T	S	R	A

CHECK 23 **GRAMMAR**

Parlez comme les Français !

The words in the following sentences are a bit scrambled. Put them in the right order. But be careful with the structure of the sentences: this is typical colloquial speech.

1. une voiture/rouge !/père, il a/Moi, mon

   ____.

2. vendu sa voiture !/que mon frère/a déjà/oubliez, c'est/Ce que vous

   ____.

3. vacances, ça,/jamais !/Laurent ne l'acceptera/ Le laisser tout seul/pendant les

   ____.

4. toujours autant !/les gens/surprenant, c'est que/dépensent/Ce qui est

   ____.

5. plus compréhensif/envers eux !/faudrait être/ Peut-être qu'il

   ____.

6. pas continuer/Moi, ce que je crois,/c'est que ça/comme ça !/ne peut

   ____.

7. ferme dans une demi-heure !/la banque/c'est que/Le problème,

____.

8. ne sera/Peut-être/débat !/que dans/plus un sujet de/quelque temps, ce

____.

9. qui l'intéresse !/Son ordinateur/tout ce/, c'est

____.

10. acheté leur/pas, c'est/appartement/qu'ils ont/ Ce que je ne savais

____.

11. tu l'as/La/faite ?/vaisselle

____.

12. t'as pensé/Du pain,/à en acheter/, j'espère !

____.

13. blanc,/Le vin/frais !/ça se boit

____.

14. c'est un/aurait du sens !/qui /Ça,/programme

____.

Devinettes (2)

In each of the following riddles, find the word that will fit in all the sentences. To help you, the first letter of each answer is supplied.

Riddle 1

On sert le champagne dans une **?** .
C'est aussi un instrument de musique.
C'est une baguette de pain.

C'est la f____________________.

Riddle 2

Beaucoup d'écoliers n'aiment pas tellement les **?** mathématiques.
Ce n'est pas drôle de subir une **?** chirurgicale.
Les banques s'occupent des **?** financières.

C'est l'o____________________.

Riddle 3

Il y a la **?** , l'antithèse et la synthèse.
Cet étudiant prépare sa **?** pour obtenir son doctorat.
Elle peut être synonyme d'opinion. C'est une **?** .

C'est la t____________________.

Riddle 4

C'est parfois très dur de **?** sa vie.
C'est rare de **?** le gros lot au loto.
Les chances de **?** une compétition sportive sont plus grandes qu'au loto.

C'est le verbe g_____________________.

Riddle 5

Il faut remplir des formulaires pour **?** une autorisation.
On suit des cours avant d' **?** son permis de conduire.
La recherche s'efforce d' **?** des résultats.

C'est le verbe o_____________________.

Riddle 6

Notre ami n'est pas arrivé à l'heure parce qu'il s'est **?** de chemin.
Cet appareil ne fonctionne pas : le bureau d'études s'est **?** dans ses calculs.
S'il vous plaît, vous ne vous êtes pas **?** dans l'addition ?

C'est le verbe t_____________________.

Quick CHECK 25 **VOCABULARY**

Une biographie

Balzac's biography is not quite complete. Using the words in the box, can you fill in the missing dates and time expressions?

l'année ◆ en ◆ le 19 août 1850
Durant la période ◆ A partir
de ◆ dès ◆ en ◆ Enfin ◆ A ◆ Après
plus tard ◆ tard ◆ le 20 mai 1799 ◆ tôt

Honoré de Balzac est né à Tours __________________ (1). Après la nomination de son père à Paris, il fréquente des institutions parisiennes, __________________ (2) même temps il étudie le droit et se passionne pour la philosophie. Très __________________ (3), __________________ (4) l'adolescence, il montre un grand intérêt pour la littérature.

Quelque temps __________________ (5), sa première œuvre, une tragédie, est un échec. Il essaie alors un genre nouveau, le roman. __________________ (6) des débuts très difficiles, il se remet à écrire et, __________________ (7) 1829, publie ses premières œuvres, c'est une réussite. __________________ (8)

ce moment, les romans vont se succéder à un rythme incroyable. Il écrit, fréquente les salons littéraires, voyage et commence sa correspondance avec Mme Hanska.

Sa production est diverse : romans philosophiques et romans de mœurs sans oublier les Contes drôlatiques. ____________________ (9) 1835 – 1841, Balzac pense à grouper ses écrits et études en un ensemble organisé qui se veut être une image de la société toute entière. Un an plus ____________________ (10), il choisit le titre de la Comédie Humaine. ____________________ (11) riche et célèbre, il épouse, ____________________ (12) de sa mort, Madame Hanska.

____________________ (13) 51 ans, Balzac meurt ____________________ (14).

Voyage en train

A lot of things can happen when you're on a trip. If you fill in the blanks in the dialogue with the correct words from the box below, you can learn something about train travel in France.

possible ♦ accord ♦ libre ♦ savoir

amende ♦ composté ♦ réservation

billet ♦ faire une réclamation

place ♦ pris ♦ obligatoire ♦ Désolé

obligé ♦ monter

♦ Votre ________________ (1), s'il vous plaît ! … Merci. Vous n'avez pas ________________ (2) votre billet ?

• Composter ? Qu'est-ce que ça veut dire ?

♦ Il faut composter son billet avant de ________________ (3) dans le train.

• Mais personne ne me l'a dit quand j'ai ________________ (4) mon billet.

♦ ________________ (5), mais vous n'êtes pas en règle.

- Je suis en France pour la première fois, je ne pouvais pas ________________ (6).

♦ Le règlement, c'est le règlement !

- Oui d'________________ (7), mais je ne suis pas Français, c'est difficile pour moi !

♦ Et votre ________________ (8) ?

- Quelle réservation ? La ________________ (9) était ________________ (10).

♦ La réservation est ________________ (11) dans le TGV, Monsieur !

- On ne me l'a pas dit non plus !

♦ Je regrette, mais je suis ________________ (12) de vous faire payer une ________________ (13).

- Ce n'est pas ________________ (14).

♦ Vous pouvez toujours ________________ (15) auprès de la Direction.

- Certainement !

QUICK CHECK 27 VOCABULARY

Pour les gourmets

Under which heading on the menu can these dishes be found? Write your answers on the lines provided.

le plateau de fromages
la terrine du chef
la mousse au chocolat
la truite au bleu
la frisée aux lardons
la salade de tomates
la tarte aux épinards
les filets de sole normande
la lotte provençale
le steak au poivre
la crème caramel
la bouchée à la reine
la coquille Saint-Jacques gratinée
le coq au vin
le plateau de fruits de mer
le poulet rôti
la tarte Tatin
l'assiette anglaise

1 Entrée froide

2 Entrée chaude

3 Plat principal

4 Dessert

CHECK 28 WATCH OUT: TRICK QUESTIONS!

Correct ou pas correct ?

In the following sentences, check the box if the form of the verb in the shaded box is correct.

1. ☐ Il ne fait pas assez chaud pour ouvrir la fenêtre.
2. ☐ Fermez la porte de peur que le chien ne s'en va.
3. ☐ Les résultats seront excellents à condition que vous preniez des précautions.
4. ☐ Ils ont quitté la salle sans que le conférencier les entend.
5. ☐ Vous obtiendrez de bons résultats à condition de prendre des précautions.
6. ☐ Vous devriez téléphoner avant qu'il soit trop tard.
7. ☐ En attendant que le rôti est prêt, prenons l'apéritif !
8. ☐ S'il s'entraînerait mieux, il pourrait gagner plus souvent.
9. ☐ Dès qu'il fait beau, les gens aiment sortir.
10. ☐ Bien qu'on arrose, le jardin est encore sec.

11. ☐ C'est la plus belle ville que nous avons visitée.

12. ☐ Tant que les enfants soient petits, on passe les vacances à la mer.

13. ☐ Bien qu'il ait plu beaucoup, le match a eu lieu.

14. ☐ Le téléphone a sonné au moment de partir.

15. ☐ Ils ont déménagé après que leur premier enfant soit venu au monde.

16. ☐ L'affaire présente trop de risques pour qu'on se lance dans une telle aventure.

17. ☐ On n'ira pas sur la côte dimanche à moins qu'il fait très beau.

18. ☐ Si on aurait su, on serait allé visiter cette exposition.

CHECK 29

SOMETHING DIFFERENT

Proverbes

What goes with what? Several proverbs and common sayings are jumbled on these two pages. Can you combine the sentence fragments correctly?

1. ☐ Nul n'est
2. ☐ Les conseilleurs ne sont
3. ☐ C'est en forgeant
4. ☐ L'argent n'a
5. ☐ Il n'y a pas de fumée
6. ☐ Avec des « si »,
7. ☐ Chat échaudé
8. ☐ La vengeance est un plat
9. ☐ Qui veut la fin
10. ☐ Tout ce qui brille
11. ☐ Prudence est
12. ☐ Qui ne risque rien
13. ☐ Petit à petit,
14. ☐ Tel père,
15. ☐ Si jeunesse savait,
16. ☐ Après la pluie,
17. ☐ Il vaut mieux tenir
18. ☐ Le jeu ne vaut pas

19. ☐ Paris ne s'est pas fait

20. ☐ On ne fait pas d'omelette

a) craint l'eau froide.
b) mère de sûreté.
c) l'oiseau fait son nid.
d) que courir.
e) en un jour.
f) qui se mange froid.
g) sans casser d'œufs.
h) pas les payeurs.
i) tel fils.
j) le beau temps.
k) pas d'odeur.
l) si vieillesse pouvait.
m) la chandelle.
n) n'a rien.
o) prophète en son pays.
p) sans feu.
q) on mettrait Paris en bouteille.
r) n'est pas d'or.
s) qu'on devient forgeron.
t) veut les moyens.

CHECK 30

SOMETHING DIFFERENT

Quelle maison ! Tous malades !

Answer the two questions below by referring to the descriptions that follow. Here's a tip to make your task easier: first write the floor number, if given (ground floor through fifth floor), and the health problem in the table on the opposite page.

a) Qui a une intoxication alimentaire ?

____

b) Qui habite au premier étage ?

____

1. Mme Darmont a de très fortes migraines.
2. Mme Favier a un coup de soleil.
3. Mme Simon habite au rez-de-chaussée.
4. M. Le Goff habite au deuxième étage.
5. M. Dubois habite un étage au-dessus de M. Le Goff.
6. La personne qui habite au deuxième étage, s'est cassé la jambe.
7. La personne qui habite au troisième étage, a de la fièvre.
8. Une personne seulement habite au-dessus de Mme Darmont.
9. La personne du dernier étage a été brûlée par une méduse.

Nom	Etage	Problème de santé
Mme Darmont	____	______________
M. Dubois	____	______________
Mme Favier	____	______________
M. Granger	____	______________
M. Le Goff	____	______________
Mme Simon	____	______________

Pour aller à... ?

A woman would like to visit her friend, but the description of the route from the train station to her friend's apartment is muddled. Using the map on the opposite page, put the directions in the correct order.

- ☐ Tu arrives à la gare.
- ☐ Tu continues jusqu'à la rivière, tu traverses le pont,
- ☐ Là, tu traverses la place de la Liberté, et puis tu continues toujours tout droit.
- ☐ Le numéro 17 est juste en face du cinéma.
- ☐ Ensuite, tu tournes à la première rue à droite.
- ☐ En sortant de la gare, tu prends à gauche.
- ☐ Au premier feu, tu tournes à droite.
- ☐ et alors tu verras le cinéma.
- ☐ et tu continues tout droit jusqu'au feu.
- ☐ Tu marches encore 50 mètres
- ☐ et après, tu prends la deuxième à gauche.
- ☐ Tu laisses l'église sur ta gauche.
- ☐ Tu passes devant la poste,

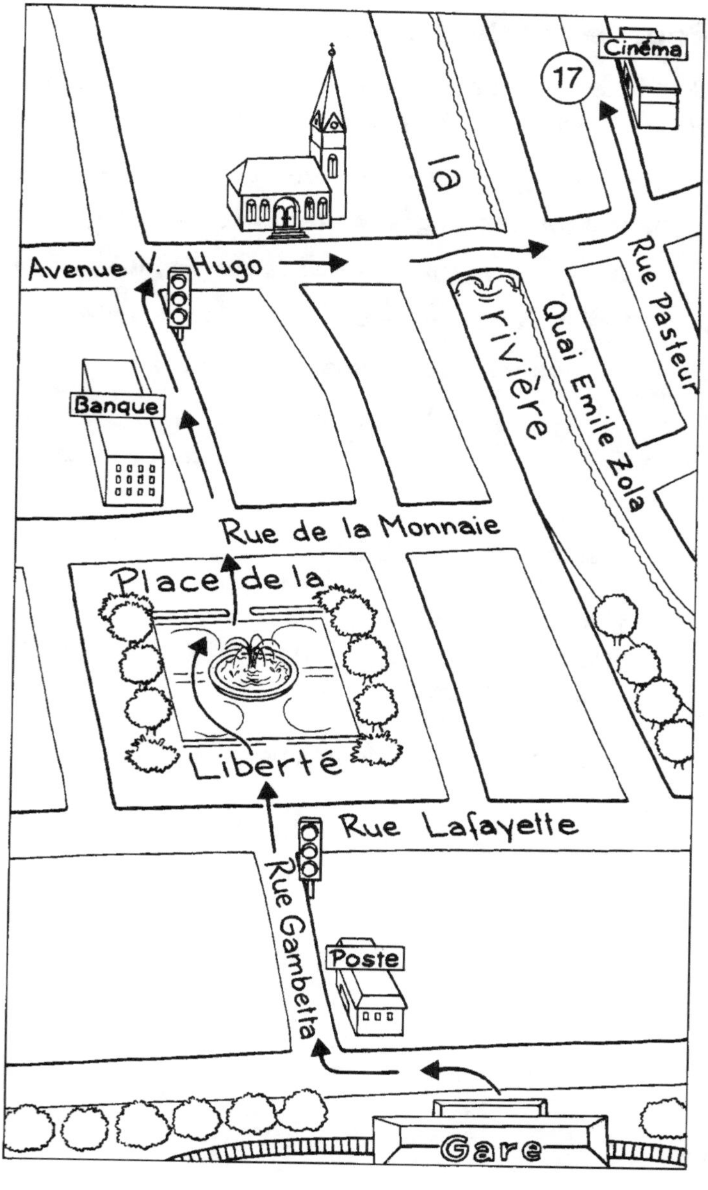

Cinéma
17
la
Avenue V. Hugo
Rue Pasteur
Quai Emile Zola
rivière
Banque
Rue de la Monnaie
Place de la Liberté
Rue Lafayette
Rue Gambetta
Poste
Gare

Pour les végétariens

Complete the soup recipe using the verbs in the box below. Have fun cooking, and bon appétit!

ajoutez ◆ mélangez ◆ Remettez ◆ Versez
Egrenez ◆ coupez ◆ Gardez ◆ Epluchez
faites ◆ Faites ◆ jetez ◆ oubliez ◆ Faites
réservez ◆ Passez ◆ décorez
incorporez

Crème de concombre
Il vous faudra :
1 kg de concombres
500 g de pommes de terre
un peu de beurre
une cuiller de farine
un petit pot de crème fraîche

_______________ (1) les pommes de terre, puis les concombres. _______________ (2) -les et _______________ (3) -les en dés. _______________ (4) -en quelques-uns. _______________ (5) les blanchir quelques minutes dans de l'eau salée et _______________ (6) -les.

_______________ (7) bouillir deux litres d'eau dans une casserole, _______________ (8) -y les concombres et les pommes de terre coupés en dés. N' _______________ (9) pas le sel ni le poivre et _______________ (10) cuire 20 mn à couvert.

_______________ (11) le potage et _______________ (12) le beurre manié avec la farine. _______________ (13) sur le feu en remuant jusqu'à ébullition.

_______________ (14) le potage et _______________ (15) la crème fraîche, _______________ (16) et _______________ (17) avec les dés de concombre réservés.

CHECK 33 GRAMMAR

On y va ?

Fill in the correct preposition. Pay attention to the gender (masculine/feminine) and to the number (singular/plural).

en ◆ à ◆ dans ◆ chez ◆ de
au bord de ◆ par

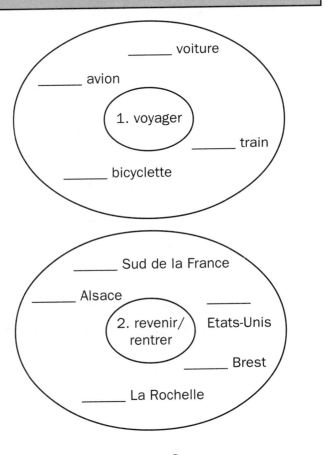

1. voyager

______ voiture

______ avion

______ train

______ bicyclette

2. revenir/ rentrer

______ Sud de la France

______ Alsace

______ Etats-Unis

______ Brest

______ La Rochelle

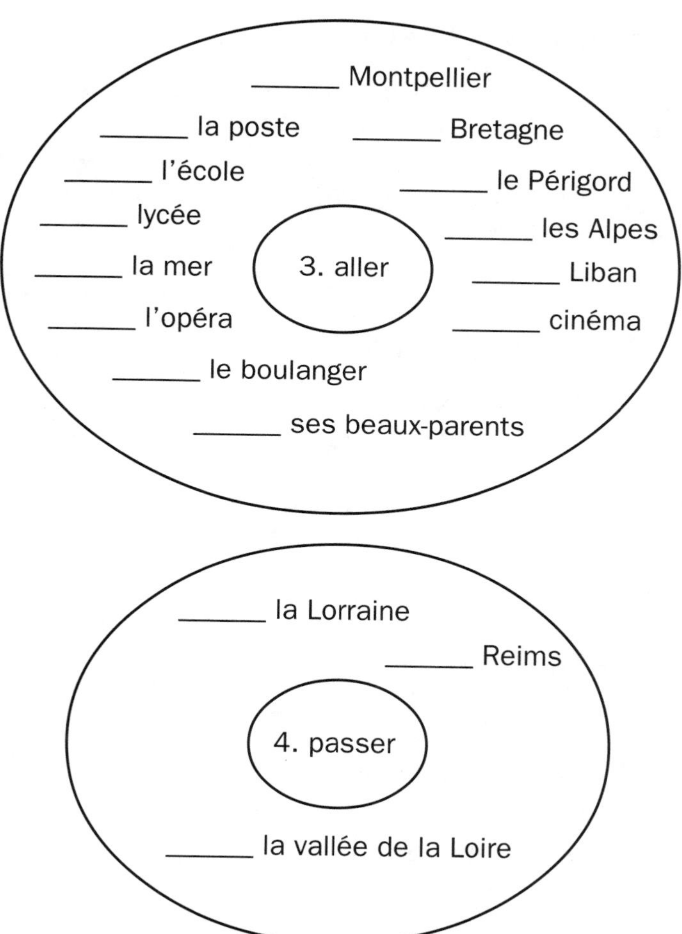
______ Montpellier
______ la poste
______ Bretagne
______ l'école
______ le Périgord
______ lycée
______ les Alpes
______ la mer
3. aller
______ Liban
______ l'opéra
______ cinéma
______ le boulanger
______ ses beaux-parents
______ la Lorraine
______ Reims
4. passer
______ la vallée de la Loire

Programme de vacances

Patrick, 16, is spending a few days of his vacation at his grandmother's house. He likes to sleep late, enjoys horseback riding and sailing, and likes modern music. Which of the following leisure activities are likely to appeal to him?

1. ☐

Venez visiter le parc du château,

ses daims, ses cerfs, ses biches. Promenade en poney pour les enfants.

Ouvert tous les jours
de 10h à 19h en été.

2. ☐

Festival de musique celtique

- Danses folkloriques
- Groupes irlandais et écossais
- Chants, binious, cornemuses et harpes celtiques

Renseignements et réservations :
Tél : (33) 97 64 34 13 ou sur votre
Minitel : 3615 code AZIMUT

3. ☐

N'oubliez pas de visiter

L'ARRIÈRE-PAYS

- Promenade en bateau sur les canaux et les rivières.
- Visite d'un écomusée.

Départ toutes les deux heures de 10h à 16h à l'embarcadère.

4. ☐

Centre équestre offre stages d'équitation:
2h de cours par jour et 1h de promenade
Tarifs spéciaux pour les adolescents.
Renseignements au domaine.

SPECTACLE SON ET LUMIÈRE

Venez revivre vingt siècles d'histoire: spectacle pluriscénique en quadriphonie par les habitants de la région.

les mardis, vendredis et samedis
en juillet et août, à 21h 30

CHECK 35 WATCH OUT: TRICK QUESTIONS!

Argot

Can you understand argot? Match these slang expressions with the sentences on the next page.

1. ☐ C'est un mec baraqué.
2. ☐ Ça baigne.
3. ☐ C'est la galère.
4. ☐ Ça coûte la peau des fesses.
5. ☐ Manque de pot.
6. ☐ Chouette, ton fut !
7. ☐ Où sont mes godasses ?
8. ☐ Où tu crèches ?
9. ☐ Alors, on bouffe ?
10. ☐ Salut ! J'me taille.
11. ☐ On prend un pot ?
12. ☐ J'suis crevé.
13. ☐ C'est dégueulasse.
14. ☐ C'est rigolo.
15. ☐ Passe-moi un coup de fil !
16. ☐ Je m'en fiche.

a) C'est dégoutant.
b) Pas de chance.
c) Où est-ce que tu habites ?
d) Il est bien, ton pantalon !
e) Ça va bien.
f) Ça coûte très cher.
g) Je suis très fatigué.
h) Alors, on mange ?
i) Téléphone-moi !
j) Où sont mes chaussures ?
k) C'est un homme très fort.
l) Je pars.
m) C'est très dur.
n) On boit quelque chose ?
o) Ça m'est égal.
p) C'est amusant.

A la réception de l'hôtel

All the questions are missing from the following conversation at a hotel reception desk. Write the number of the appropriate question in the boxes.

1. Vous avez un garage ?
2. Elle est à combien ?
3. A quelle heure servez-vous le petit déjeuner ?
4. Et l'ascenseur, où est-il ?
5. C'est une chambre avec douche ?
6. Le petit déjeuner est compris ?
7. C'est pour combien de nuits ?
8. C'est payant ?
9. Elle donne sur la rue ?
10. Est-ce que vous avez des chambres pour deux personnes ?

- Bonsoir, Monsieur.

♦ ☐

- Des chambres doubles ?... Oui, il nous en reste. ☐

♦ Une nuit. ☐

- Oui. J'en ai une avec télé et une sans télé.

♦ Avec télé ! ☐

- Non, elle est tranquille, elle donne sur la cour.

♦ ☐

• 340 F, Monsieur.

♦ ☐

• Non, c'est 24 F par personne.

♦ ☐

• A partir de 7h.

♦ ☐

• Non, Monsieur. Mais dans la cour, vous avez des parkings.

♦ ☐

• Non, c'est gratuit.

♦ Bon, nous la prenons.

• Très bien. Voilà votre clé. C'est au troisième étage.

♦ ☐

• Juste derrière vous, à droite.

♦ Merci.

CHECK 37 **WATCH OUT: TRICK QUESTIONS!**

Vive le sport !

The following statements all have to do with sports. Decide whether they are true (T) or false (F).

1. ☐ Le « prix de l'Arc de Triomphe » est une parade militaire sur les Champs-Elysées à Paris.
2. ☐ Un Français a traversé l'Atlantique à la rame.
3. ☐ En Formule 1, Alain Prost a été champion du monde trois fois.
4. ☐ La France ne participe pas au « Tournoi des cinq Nations ».
5. ☐ Les sports nautiques sont peu nombreux en France.
6. ☐ « Les 24 heures du Mans » sont un tournoi de danse.
7. ☐ « La Coupe de France » est décernée à l'équipe de football championne de 2ème division.
8. ☐ « Le Trophée Lancôme » est un tournoi de golf.
9. ☐ « Le Tour de France » est une course de motos.

10. ☐ La Route du Rhum est une course de voiliers qui a été remportée par une Française.

11. ☐ « Le Trophée Lalique » est la course des garçons de café.

12. ☐ Roland Garros est un ancien joueur de tennis.

13. ☐ « Le Paris – Dakar » est une course de camions.

14. ☐ Grenoble et Albertville sont des villes olympiques d'hiver.

15. ☐ Il existe des championnats de pétanque.

16. ☐ « L'Open de Bercy » est un tournoi de tennis de table.

17. ☐ « Le Bol d'Or » est une course de motos.

18. ☐ Lacoste est un aviateur célèbre.

19. ☐ Les Français n'ont jamais gagné la « Coupe Davis ».

20. ☐ Les Duchesnay n'ont pas gagné l'or olympique.

21. ☐ Jean-Claude Killy est un grand champion de ski alpin.

A La Villette

First read the text on the opposite page; then decide whether the following statements are true (T) or false (F).

1. ☐ La Villette, c'est une petite ville.
2. ☐ C'est un lieu de culture et de loisirs.
3. ☐ La Géode est une salle de concert.
4. ☐ La Cité est le seul bâtiment du parc.
5. ☐ Toutes les expositions sont temporaires.
6. ☐ Il n'y a rien pour les enfants.
7. ☐ Les professeurs peuvent y faire leurs cours.
8. ☐ On peut y trouver un centre de documentation.
9. ☐ Les visiteurs peuvent piloter un avion en simulation.
10. ☐ La Villette n'offre pas de services internationaux.

La Villette, c'est un parc de 55 ha dans le 19ème arrondissement de Paris, dans lequel se trouvent, entre autres, la Cité des Sciences et de l'Industrie, la Cité de la Musique, la Grande Halle dans le style d'un marché couvert et un centre de manifestations culturelles ou populaires (le Zénith). Une grosse boule brillante attire l'attention : la Géode, espace de projections sur très grand écran.

La Cité des Sciences, c'est un lieu de rencontre pour communiquer des connaissances scientifiques et techniques. EXPLORA, un espace d'expositions permanentes, présente l'homme confronté à son environnement. La Cité propose aussi des expositions temporaires sur un thème : l'eau, l'homme dans l'univers, etc. Ce qui fascine le visiteur, c'est qu'il peut, s'il le désire, piloter un Airbus dans une cabine de simulation, visiter un sous-marin, une station spatiale, la coiffe de la fusée Ariane ou participer à toutes sortes d'expériences de physique, d'optique, etc.

La Cité s'adresse aussi aux enfants à l'Inventorium où ils peuvent satisfaire leur curiosité en manipulant les objets. Et les professeurs peuvent y accompagner leurs classes.

Chargée de diffuser la culture scientifique, La Villette met à la disposition des intéressés une médiathèque, un centre de conférences internationales, un planétarium et des expositions itinérantes.

CHECK 39 **WATCH OUT: TRICK QUESTIONS!**

Fautes typiques

Of each of the following pairs of sentences, only one is correct. The other sentence contains a frequently made error. Mark the correct sentences with an X.

1. a) ☐ On regrette qu'on n'ait pas vu ce film.
   b) ☐ On regrette de ne pas avoir vu ce film.

2. a) ☐ Je n'ai pas compris qu'est ce qu'il a dit.
   b) ☐ Je n'ai pas compris ce qu'il a dit.

3. a) ☐ Elle est aussi grande que son frère.
   b) ☐ Elle est aussi grande comme son frère.

4. a) ☐ Ils sont arrivés avant une heure.
   b) ☐ Ils sont arrivés il y a une heure.

5. a) ☐ Au moment, ça va.
   b) ☐ En ce moment, ça va.

6. a) ☐ J'aime la musique.
   b) ☐ J'aime musique.

7. a) ☐ Tu t'as reposé longtemps ?
   b) ☐ Tu t'es reposé longtemps ?

8. a) ☐ Personne n'est là.
   b) ☐ Personne n'est pas là.

9. a) ☐ Il répète toujours le même.
   b) ☐ Il répète toujours la même chose.

10. a) ☐ Les gens parlent mal.
    b) ☐ Les gens parlent mauvais.

11. a) ☐ Sylvie est contente avec sa voiture.
    b) ☐ Sylvie est contente de sa voiture.

12. a) ☐ Sophie et leur fille vont au cinéma.
    b) ☐ Sophie et sa fille vont au cinéma.

13. a) ☐ Ils nous ont raconté d'un beau voyage.
    b) ☐ Ils nous ont raconté un beau voyage.

14. a) ☐ Beaucoup d'enfants jouent ici.
    b) ☐ Beaucoup des enfants jouent ici.

Location de vacances

A customer is speaking to a travel agent over the telephone and wants to know more about a vacation apartment. Write the number of the following questions in the correct places in the dialogue.

1. Les toilettes sont séparées de la salle de bains ?
2. Et y a-t-il un garage ?
3. Elle a combien de pièces ?
4. Et il faut aller loin pour faire les courses ?
5. c'est un appartement ou une maison ?
6. Est-ce qu'il y a un jardin ?
7. Elle fait quelle superficie ?
8. La cuisine est indépendante de la salle de séjour ?
9. Avec vue sur la mer ?
10. Que désirez-vous ?
11. Elle est dans une rue à grande circulation ?

♦ Agence de la mer, bonjour !

• Je vous appelle à cause de votre annonce.

♦ Oui, laquelle?

• Elle concerne une location pour le mois de juillet.

♦ Oui. ☐

• Je voudrais savoir si ☐

♦ Une petite maison.

• ☐

♦ Non. Mais la plage est à deux cent mètres.

• ☐

♦ Trois pièces, plus cuisine et sanitaires.

• ☐

♦ Oui, elle communique avec la terrasse et la salle de séjour.

• ☐

♦ Oui, bien sûr.

• ☐

♦ 80m^2 sans la terrasse. Il y a une terrasse avec barbecue.

• ☐

♦ Oui, tout autour de la maison.

• ☐

♦ Non, c'est une rue secondaire. Il y a peu de passage.

• ☐

♦ Vous avez un centre commercial à 1 km environ.

• ☐

♦ Non, mais il n'y a pas de problème de parking dans cette rue.

Demandes diverses

Which answers go with the questions below? Mark the boxes. Be careful: there may be more than one correct response.

1. *Vous voulez bien nous prendre en photo ?*
   - ☐ a) Bien sûr !
   - ☐ b) Je viendrai demain.
   - ☐ c) Où faut-il appuyer ?
   - ☐ d) Il fait beau.
2. *Pardon, vous pouvez me passer le sel ?*
   - ☐ a) Voilà le poivre.
   - ☐ b) J'ai froid.
   - ☐ c) Voici.
   - ☐ d) Avec plaisir.
3. *Il y a un train à quelle heure ?*
   - ☐ a) Tous les jours à 7 h.
   - ☐ b) Toutes les deux heures.
   - ☐ c) A 20h 38.
   - ☐ d) Hier.
4. *Tu prends un café ?*
   - ☐ a) Non, merci.
   - ☐ b) Je préfère un thé.
   - ☐ c) Je n'aime pas les fruits.
   - ☐ d) Oui, volontiers.
5. *On va au cinéma ce soir ?*
   - ☐ a) Oui, à midi.
   - ☐ b) Oh oui, c'est une bonne idée.
   - ☐ c) Non, je n'aime que le sport.
   - ☐ d) C'est une erreur.

6. *Auriez-vous la gentillesse de me prêter votre stylo ?*
   - ☐ a) Avec plaisir.
   - ☐ b) Je n'en ai pas.
   - ☐ c) Je ne vous connais pas.
   - ☐ d) Oui, mais il n'écrit pas très bien.

7. *Comment vas-tu ?*
   - ☐ a) Ça va. Et toi ?
   - ☐ b) Très bien, merci, et toi ?
   - ☐ c) Ça ne va pas fort.
   - ☐ d) Il ne fait pas chaud.

8. *Je peux vous aider ?*
   - ☐ a) Non, merci.
   - ☐ b) Ce n'est pas la peine.
   - ☐ c) Les gens ne comprennent rien.
   - ☐ d) Merci beaucoup, c'est très gentil.

9. *Que dit la météo ?*
   - ☐ a) Il est 20 heures.
   - ☐ b) Il va neiger.
   - ☐ c) Elle annonce des orages.
   - ☐ d) Risque de tempête en mer.

10. *Ça coûte combien ?*
    - ☐ a) Ce n'est pas frais.
    - ☐ b) 23 F le kilo.
    - ☐ c) 10 F les trois.
    - ☐ d) C'est gratuit.

11. *On peut se garer ici ?*
    - ☐ a) Oui, c'est autorisé.
    - ☐ b) Vous n'avez pas vu la pancarte ?
    - ☐ c) Non, c'est interdit.
    - ☐ d) Revenez demain.

Des formes et des couleurs

With which adjective would you use the following nouns? Write your answers on the lines provided.

le saphir ◆ le gazon ◆ la poste
la balle ◆ la paille ◆ la tulipe ◆ la pistache
le sang ◆ la mort ◆ le soleil ◆ les épinards
les dents ◆ la tulipe ◆ le nuage ◆ l'ébène
la meringue ◆ les pompiers ◆ le rubis
le cercle ◆ l'anneau ◆ le bleuet ◆ le canari
le cobalt ◆ la neige ◆ l'herbe
la fraise ◆ la pièce de monnaie ◆ la colombe
le citron ◆ le persil ◆ le lait ◆ la roue
les feuilles ◆ le mimosa ◆ le ballon ◆ la craie
l'avocat ◆ le charbon ◆ l'hémoglobine
le deuil ◆ la nuit ◆ la framboise ◆ la bague
le tunnel ◆ l'amour ◆ la banane ◆ la tomate
la pleine lune ◆ le sel ◆ l'émeraude
le ciel ◆ la chantilly ◆ l'humour
la cerise ◆ la mer

jaune

____

____

____

rouge

bleu

blanc

vert

noir

rond

QUICK CHECK 43 **GRAMMAR**

Pronoms

Write the appropriate pronoun in each blank. To help you, we've listed some pronouns in the box below.

nous ◆ eux ◆ te ◆ toi ◆ vous ◆ le ◆ leur
en ◆ les ◆ moi ◆ y ◆ lui

1. Nous ________ invitons chez ________ samedi. J'espère que ________ pourrez venir.
2. Où étais-tu, Nicolas? Je _____'ai appelé trois fois.
3. ♦ Je mets le courrier dans le tiroir ?
   - Non, il faut ________ porter dans le bureau à côté.
4. Tu as vu mes clés ? Je ne ________ trouve plus. Aide-________ à ________ chercher, s'il te plaît !
5. ♦ Vous avez vu Sylvie et Véronique ?
   - Oui, on ________ a rencontrées hier. On ________ a demandé de venir ce soir.

   ♦ Et Philippe ? Tu ________ as téléphoné ?
6. ♦ Vous emmenez vos enfants ?
   - Non, on ________ emmène chez leur grand-mère.

7. N'achète pas le journal ! Je ________ prendrai tout à l'heure. Et n'achète pas de pain non plus. Brigitte ________ a déjà acheté.

8. Mon mari et moi, ________ aimons beaucoup passer nos vacances sur une île. On ________ trouve tout ce qu'on veut. On s'________ repose très bien.

9. ♦ Ah, bonjour ! Vous êtes rentrés de vacances. Où étiez-vous ?
   • On était aux Antilles. On ________ a passé trois semaines splendides. On ________ revient tout juste.

10. Dorothée, c'est ________ qui as pris le dictionnaire ? Rapporte-_____ ________ ! Nous ________ avons besoin !

11. Les enfants s'amusent bien mais ce ne sont pas ________ qui ont cassé le vase.

12. ♦ Vous avez réfléchi à notre projet ?
    • Oui, nous nous ________ intéressons beaucoup. Les personnes concernées ________ pensent beaucoup de bien.
    ♦ Parfait. Je vais ________ ________ parler moi-même demain. Après quoi, on ________ fera voter.

Quick CHECK 44 VOCABULARY

Les adjectifs

A

Do you know the antonyms of the following adjectives?

1. riche ______________________________
2. vieux ______________________________
3. beau ______________________________
4. connu ______________________________
5. grand ______________________________
6. étroit ______________________________
7. rapide ______________________________
8. gai ______________________________
9. heureux ______________________________
10. agréable ______________________________
11. intelligent ______________________________
12. varié ______________________________
13. amusant ______________________________
14. original ______________________________
15. impossible ______________________________
16. inutile ______________________________
17. juste ______________________________
18. bon ______________________________
19. malade ______________________________
20. blanc ______________________________

B

Now write the feminine forms of all of these adjectives.

1. ______________________________
2. ______________________________
3. ______________________________
4. ______________________________
5. ______________________________
6. ______________________________
7. ______________________________
8. ______________________________
9. ______________________________
10. ______________________________
11. ______________________________
12. ______________________________
13. ______________________________
14. ______________________________
15. ______________________________
16. ______________________________
17. ______________________________
18. ______________________________
19. ______________________________
20. ______________________________

Pour la conversation

What are the comments below (1–21) intended to express? Assign one of these five functions (a–e) to each sentence.

a. making a proposal
b. expressing your opinion
c. making a reproach
d. giving a suggestion
e. inviting someone to do something

1. ☐ Vous feriez bien de prendre un taxi !

2. ☐ C'est délicieux.

3. ☐ Tu ne pouvais pas téléphoner ?

4. ☐ C'était formidable !

5. ☐ ☐ Passez donc prendre l'apéritif un soir !

6. ☐ C'est à cette heure-là que tu rentres !!!

7. ☐ A votre place, je ne répondrais pas.

8. ☐ Je n'aime pas du tout ce genre de chose.

9. ☐ Il vaut mieux que tu commences tout de suite.

10. ☐ Et si on allait au cinéma ?

11. ☐ ☐ Venez nous voir samedi soir !

12. ☐ ☐ Ça te dit d'aller à la campagne dimanche ?

13. ☐ Je peux venir demain si ça vous arrange.

14. ☐ Ça me laisse complètement indifférent.

15. ☐ ☐ Tu es libre ce soir ? J'ai des billets pour la Comédie Française !

16. ☐ Je trouve ça stupide !

17. ☐ Ça aurait pu être mieux !

18. ☐ Vous seriez d'accord pour partir en juillet ?

19. ☐ Si tout le monde faisait comme vous !!!

20. ☐ On devrait acheter ce modèle, vous ne croyez pas ?

21. ☐ Vous auriez dû appeler Monsieur Leblanc !

Quick CHECK 46 **SITUATIONS**

Allô ?

Using the words in the box, complete the two telephone conversations below. In the first conversation, someone is making a call to a business; in the second, someone is calling a doctor's office.

A

passe ♦ rappellerai ♦ parler à
Entendu ♦ transmettrai ♦ patienter
de la part de ♦ ligne ♦ Allô ?

♦ ______________ (1)

• Société Duratex, bonjour !

♦ Bonjour, Madame ! Est-ce que je pourrais ______________ (2) Monsieur Leroux, s'il vous plaît ?

• C'est ______________ (3) qui ?

♦ Monsieur Martin.

• Un instant, je vous le ______________ (4).

♦ Merci.

• Désolée, Monsieur Leroux est en ___________ (5). Pouvez-vous ______________ (6) ?

♦ Non. Dites-lui que je le ______________ (7) plus tard.

• ______________ (8), Monsieur. Je ___________ (9) votre message. Au revoir, Monsieur.

♦ Au revoir, Madame.

B

prendre ◆ urgent ◆ convient
rendez-vous ◆ attendre ◆ passer

- ♦ Cabinet du Docteur Gauthier, bonjour.
- • J'aimerais un _______________ (1).
- ♦ Oui. Après-demain à 16h, ça vous _______________ (2) ?
- • Vous ne pouvez pas me _______________ (3) plus tôt ?
- ♦ C'est _______________ (4) ?
- • Oui, je me sens très mal depuis ce matin. J'ai mal au ventre.
- ♦ Est-ce que vous pouvez _______________ (5) ce soir vers 17h ?
- • Oui. Entendu.
- ♦ Il faudra peut-être _______________ (6).
- • Ça ne fait rien. Merci. A ce soir.

QUICK CHECK 47 — VOCABULARY

« Le franglais »

Over time many English words have become part of the French vocabulary. Using the expressions in the box below, can you find the correct "translations" for these English concepts?

les vedettes ◆ le lait battu
la fin de semaine ◆ le billet ◆ le palmarès
les manageurs ◆ l'allure ◆ le lèche-vitrines
la télécopie ◆ la mercatique
l'imperméable ◆ l'aéroglisseur
les adolescents ◆ le baladeur ◆ le travail
une pénichette ◆ l'avion à réaction
le restovite ◆ les affaires ◆ le savoir-faire
le maquillage ◆ le libre-service
les cadreurs ◆ conter fleurette
le remueméninges ◆ le tricot de peau

1. le fast-food ____________________
2. le hit-parade ____________________
3. le hovercraft ____________________
4. les teenagers ____________________
5. le walkman ____________________
6. le milk-shake ____________________
7. flirter ____________________
8. les stars ____________________

9. les cameramen ______________________

10. le make-up ______________________

11. le look ______________________

12. le tee-shirt ______________________

13. le house-boat ______________________

14. le trench ______________________

15. le shopping ______________________

16. le self-service ______________________

17. le fax ______________________

18. le ticket ______________________

19. le jet ______________________

20. le job ______________________

21. le brain-storming ______________________

22. le know-how ______________________

23. les managers ______________________

24. le marketing ______________________

25. le business ______________________

26. le week-end ______________________

CHECK 48 **GRAMMAR**

Au voleur !

Underline the correct tense.

Un cambrioleur s'introduisait/s'est introduit (1) dans un appartement dont les propriétaires étaient/ont été (2) absents pour la soirée, en cassant une vitre de la porte de la terrasse. L'employée de maison qui est/était (3) restée seule, a entendu/entendait (4) du bruit et s'approchait/s'est approchée (5) alors de la terrasse mais le voleur s'est précipité/se précipitait (6) sur elle et a exigé/exigeait (7) sous la menace de son revolver qu'elle le mène à la chambre de ses maîtres où se trouvaient/se sont trouvés (8) les bijoux et autres objets précieux. Il a pris/prenait (9) son butin, neutralisait/a neutralisé (10) l'employée et l'a ligotée/la ligotait (11). Il réussissait/a réussi (12) à prendre la fuite. Selon le récit de l'employée, l'homme avait/a eu (13) une trentaine d'années et les cheveux bruns. Il a mesuré/mesurait (14) environ 1m 75 et portait/a porté (15) un blouson marron et un jean. Ce sont les propriétaires eux-mêmes qui libéraient/ont libéré (16) leur employée à leur retour. Les policiers ont déclaré/déclaraient (17) : « Le malfaiteur a pénétré/pénétrait (18) dans l'immeuble par le garage souterrain, et il a pu/pouvait (19) ainsi accéder à l'ascenseur qui menait/a mené (20) aux appartements. »

CHECK 49

SOMETHING DIFFERENT

Voyage en France

Fill in the blanks below with the names of French cities or regions. Then enter the words horizontally in the crossword on the opposite page. The word formed by the letters in the shaded boxes is the name of a famous city on the English Channel.

1. La capitale du cinéma en mai, c'est ______________________.
2. On visite les menhirs à ______________________.
3. La ______________________ est très célèbre pour ses châteaux.
4. Les ______________________ séparent la France de l'Espagne.
5. ______________________ est une grande station balnéaire du sud-ouest.
6. ______________________ est une capitale du champagne.
7. Camembert est une ville de ______________________.
8. La deuxième ville de France s'appelle ______________________.
9. ______________________ est la capitale de la porcelaine.

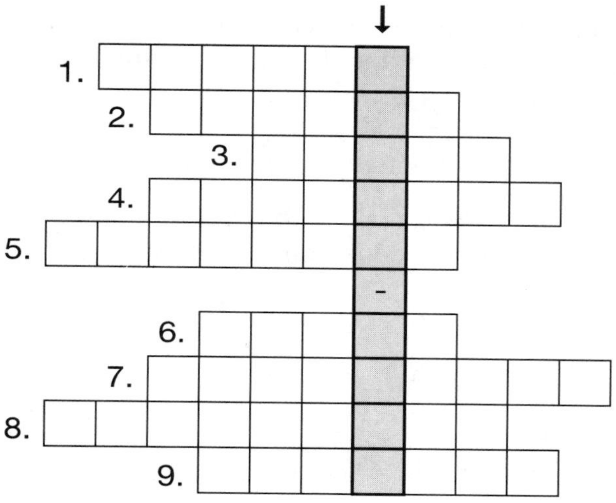

CHECK 50 **WATCH OUT: TRICK QUESTIONS!**

Faux amis

Did you know that many French words that resemble English ones have an entirely different meaning? Mark the correct answers with an X.

1. Si les gens ne sont pas contents, ils

   ☐ a) font une manifestation dans la rue.
   ☐ b) font une démonstration dans la rue.

2. Son passe-temps préféré est

   ☐ a) la lecture.
   ☐ b) le lecteur.

3. Delphine est une fille trés timide et

   ☐ a) rationnelle.
   ☐ b) sensible.

4. Si tu as mal à la tête, prends

   ☐ a) un comprimé.
   ☐ b) une tablette.

5. Va chez le médecin, il te donnera

   ☐ a) une recette.
   ☐ b) une ordonnance.

6. L'acteur veut jouer sur

   ☐ a) l'étage.
   ☐ b) la scène.

7. Un cinéaste, c'est

☐ a) quelqu'un qui aime aller au cinéma.
☐ b) quelqu'un qui fait un film.

8. C'est un bon vendeur : il gagne

☐ a) beaucoup de provisions.
☐ b) beaucoup de commissions.

9. Apporte les verres sur

☐ a) un plateau.
☐ b) une tablette.

10. Tu manges trop.

☐ a) Pense à ta figure !
☐ b) Pense à ta ligne !

Quick CHECK ANSWERS

1

1. **R/I**, on the telephone
2. **G/R**, formally, for example, among business persons or on official occasions.
3. **G**, among friends; age is irrelevant.
4. **S**, approximately: *Good-bye and good luck!*
5. **S**, informally, approximately: *See you soon.*
6. **I**
7. **G**, formally, when introduced to someone.
8. **S**
9. **R/G**
10. **R/I**, formally
11. **S**, familiarly, approximately: *See you sometime or other* or *So long.*
12. **I**
13. **I**
14. **G**, watch out: only a brief answer should be given, such as *Très bien, merci.* The casual alternative would be *Ca va?,* and the response could be the same: *Ca va!*
15. **R**
16. **S**
17. **I**, for example, at the reception desk of a firm or a government agency.
18. **R**
19. **S**
20. **S**, for example, before an exam. A highly colloquial equivalent for *Good luck!* would be *Puissance 13* (literally, *to the 13th power*).

When you greet someone in France you may also embrace *(embrasser)* him or her. The embrace is often accompanied by three alternate kisses on the cheek. But be careful: only good friends or relatives greet each other in this way, and men generally do not kiss each other. When first introduced, people shake hands *(serrer la main).*

Vous and *tu:* Adults address each other as *vous* unless they are well acquainted. Friends and close acquaintances usually use the familiar *tu*.

2

1. une **famille de cinq personnes**
2. une **chambre à deux lits**
3. un **billet d'avion**
4. un **fer à repasser**
5. un **billet de cent francs**
6. un **saucisson à l'ail**
7. une **tarte aux abricots**
8. une **bouteille d'eau**
9. une **poudre à laver**
10. une **station de sports d'hiver**
11. un **stylo à bille**
12. un **sac de voyage**
13. un **four à micro-ondes**
14. une **boîte aux lettres**
15. un **rayon de soleil**
16. des **lunettes de soleil**
17. une **chambre à coucher**
18. des **chaussures de ski**
19. un **verre à vin**
20. une **brosse à dents**

Unfortunately, there is no rule for determining whether a compound word is formed with *à* or *de*. In many cases the meaning of the word changes depending on the preposition used. For example, wine glass—*verre à vin* (purpose), but a glass of wine—*verre de vin* (contents).

If the second part of the compound is a verb, *à* generally is used between the two elements: *poudre à laver, chambre à coucher.*

→ For more compound words, see QuickCheck 7.

3

1. **Au-delà de.** You can read this sentence on signs in the Paris métro (subway)
2. **pendant**
3. **Grâce à**
4. **En raison de**; also: *à cause de* or *du fait de*
5. **Au bout de**
6. **En cas de**
7. **Depuis**
8. **il y a**
9. **pour**
10. **sans**
11. **devant**
12. **dès**; also: *à partir de*
13. **malgré**
14. **au-dessus des**
15. **en**
16. **d'ici**; corresponds to English *within*
17. **à**
18. **sur**

Be careful not to confuse the prepositions *devant* and *avant.*

devant—in front of
devant le théâtre—in front of the theater
avant—before
avant trois heures—before three o'clock

Note that prepositions that end in *à* or *de* change their form according to the definite article that follows; for example, *au-dessus de* becomes *au-dessus des nuages.* In addition, *à/de* and *le* become *au* or *du*; *à/de* and *la* become *à la* or *de la*; *à/de* and *les* become *aux* or *des.*

Ideally, you should learn verbs in combination with the preposition they take; for example, *to be interested in—s'intéresser à.*

4

1. f
2. d
3. g: public square where the Arch of Triumph *(l'Arc de Triomphe)* is located. It is called *l'Etoile (star)* because all the major streets radiate from this point in a star-shaped pattern. It was renamed in honor of Charles de Gaulle after his death.
4. a: important cultural center on Rue Beaubourg, built in the 1970s and named for President Pompidou, who spearheaded the project. Critics also call the structure the "refinery" because of its architecture.
5. h
6. i: Institute for the Preservation of the French Language, founded in 1635. (See also QuickCheck 47.)
7. b
8. e: National Assembly along with the Senate *(le Senat)* constitute the French Parliament.
9. c: the old Paris Opera. A second, modern opera is located at the Place de la Bastille.
10. m: The *Boul' Mich' (Boulevard Saint-Michel)* leads into the old university quarter, which extends from Saint-Germain to the Panthéon.
11. o: many Chinese live here.
12. p: also called *la Maison de Molière.*
13. k: (See TIP.)
14. j: Ministry of Finance.
15. q
16. n
17. l: police headquarters.

La Défense, a district in the western part of Paris, is a kind of French Manhattan. Modern skyscrapers house offices, apartments, shopping centers, and government ministries. One of the buildings—*l'Arche de la Fraternité*—is particularly spectacular owing to its enormous size and architecture: it is built in the shape of an arch.

5

1. **la mémoire** – *memory*
2. **le matériel** – *hardware*
3. **le videotex** – *videotext (text-based display from an on-line source)*
4. **le basic** – *Basic (simple programming language)*
5. **l'imprimante** (f.) – *printer*
6. **le réseau** – *network*
7. **la disquette** – *diskette*
8. **le logiciel** – *software*
9. **la souris** – *mouse*
10. **numérique** – *digital*

								↓					
1.					M	E	M	O	I	R	E		
2.				M	A	T	E	R	I	E	L		
3.						V	I	D	E	O	T	E	X
4.					B	A	S	I	C				
5.	I	M	P	R	I	M	A	N	T	E			
6.				R	E	S	E	A	U				
7.		D	I	S	Q	U	E	T	T	E			
8.		L	O	G	I	C	I	E	L				
9.						S	O	U	R	I	S		
10.				N	U	M	E	R	I	Q	U	E	

Solution: **ORDINATEUR** – *computer*

In the French computer vocabulary, many French equivalents have prevailed over the English terms. Here are a few more important words:

la banque de données	*data bank, database*
le clavier	*keyboard*
le disque dur	*hard disk*
les données (f.)	*data*
l'écran (m.)	*screen*
le fichier (électronique)	*file*
le lecteur de disquette	*drive*
le listage	*printout*
le micro-ordinateur	*PC*
le traitement de texte	*word processing*

Data *(données)* can be gathered or acquired *(saisir)*, processed *(traiter)*, and stored *(sauvegarder, mettre en mémoire, stocker)*. As far as memory is concerned, we distinguish between ROM *(la mémoire morte)* and RAM *(la mémoire vive)*.

➔ For English expressions in French, see QuickCheck 47.

6

- ◆ **Tiens, salut!**
- ● **Salut, Vincent!**
- ◆ **Ça fait vachement longtemps, dis donc!**
- ● **Ouais, j'ai bossé dur pour mon exam'! Je l'ai eu!**
- ◆ **Chouette! Dis donc, c'est ta copine, cette nana?**
- ● **Déconne pas, c'est ma frangine!**
- ◆ **Elle est casée?**
- ● **J'crois pas!**
- ◆ **J'peux la draguer?**
- ● **T'as qu'à essayer, tu verras bien!**
- ◆ **Ah bon, elle peut m'envoyer sur les roses?**
- ● **Mon vieux, c'est ton problème!**
- ◆ **On va au cinoche ce soir?**
- ● **D'accord, alors à ce soir.**

Well, is everything clear? Here are a few tips on colloquial (informal) speech, which incidentally is understood and spoken by all French people:

bosser	*to work very hard*
chouette	*fine, marvelous, great*
le cinoche	*movie theater*
la copine	*girlfriend*
déconne pas *(vulgär)*	*nonsense, bull*
draguer	*to pick someone up*
Elle est casée?	*Does she have a boyfriend?*
envoyer sur les roses	*to turn down, refuse*
la frangine	*sister*
la nana	*girl*
vachement	*tremendously, extremely*

The following shortened forms and peculiarities of pronunciation are also typical of informal speech:

ouais	oui
exam'	examen
T'as qu'à essayer	Tu n'as qu'à essayer (roughly: Just give it a try)
J'crois	Je crois
J'peux	Je peux

7

1. un **coupe-papier** – *letter opener*
2. un **épluche-légumes** – *potato peeler*
3. un **lave-vaisselle** – *dishwasher*
4. un **pense-bête** – *scratch sheet, note sheet*
5. un **abat-jour** – *lamp shade*
6. un **porte-monnaie** – *wallet, billfold*
7. un **amuse-gueule** – *snack, tidbit*
8. un(e) **perce-neige** – *snowdrop*
9. un **taille-crayon** – *pencil sharpener*
10. un **remonte-pente** – *ski lift*

Unfortunately, there is no hard-and-fast rule that explains why some compound words are formed with a hyphen rather than with *de* or *à*.

Here are a few more examples of words without *à* or *de:*

un pique-assiette—*parasite, deadbeat, sponger*
un pisse-vinaigre—*skinflint, tightwad*
un rabat-joie (or trouble-fête)—*spoilsport, killjoy, wet blanket*

➔ For more compound words, see QuickCheck 2.

8

1. **soient**
2. **ait**
3. **prenne**
4. **viennes**
5. **annoncions**
6. **réserviez**
7. **aillent**
8. **partions**
9. **preniez**
10. **dise**
11. **fumiez**
12. **revienne**
13. **remplissiez**
14. **alliez**
15. **sache**

The subjunctive is used whenever a subjective notion is expressed. This is the case, for example, when you wish to express a personal opinion or make a value judgment *(il est curieux, c'est insupportable, il est indispensable, je trouve normal, je déteste, je ne comprends pas)*, or when suggestions or advice are given *(il vaut mieux, il est urgent, il est conseillé, je préfère, il est souhaitable)*. In the subordinate clause that follows (the *que* clause), the subjunctive is used after such phrases or locutions. The subjunctive is also used when necessity is being expressed; for example, *Il faudrait qu'on sache s'il vient ou non.—We/I have to know whether or not he is coming.*

➔ For more on the subjunctive, see QuickChecks 18 and 28.

9

1. la **pyramide** (pyramid): Since 1989, a glass pyramid has stood at the entrance in the inner courtyard of the Louvre Museum in Paris. This modern structure, designed by the American architect Ieoh Ming Pei, has always been a subject of controversy: many people think that it is not in harmony with the classical style of the Louvre.
2. le marché aux **puces** *(flea market);* la **puce** électronique *(microchip);* la **puce** *(flea)*
3. la **rose** *(flower);* **Rose** Kennedy, the mother of John F. Kennedy; **rose** (the color *pink* or *rose*)
4. la **mer** *(sea)*

The *chanson* is very important in France. There is a saying: "En France, tout finit par des chansons." Note that the French word *chansonnier* is the equivalent of the English *songwriter, ballad writer,* or *singer of satirical songs*. A singer of *chansons* is called a *chanteur/chanteuse*.

Many of these singers have become popular, even quite famous, beyond the borders of France as well. They include Jacques Brel, Georges Brassens, Léo Ferré, and Serge Gainsbourg (all dead now), as well as Juliette Greco, Barbara, Claude Nougaro, and Higelin, younger artists such as Patrick Bruel and J. J. Goldman, and many others.

10

(1) distribuer
(2) annuaire
(3) expérience
(4) accessibles
(5) accéder
(6) numéro
(7) code
(8) sortes
(9) participer
(10) billet
(11) compte
(12) courses
(13) baccalauréat
(14) sportifs
(15) indéniable
(16) compte
(17) connexion
(18) papier
(19) cadres
(20) professions

Like the Internet, *Minitel* uses the telephone network. For a fee, a great many services can be accessed and information can be called up. The charge is based on the length of the connection (French francs per minute). The name *Minitel* is protected by law and is currently offered by *France Télécom (P&T).*

11

1. **Bonne journée**
2. **Bon anniversaire**
3. **Bonnes vacances**
4. **Bonne soirée**; not to be confused with *Bonsoir—good evening, good night.* Here it means roughly: *Have fun.*
5. **Bon appétit**
6. **Bonne route**—*Have a good trip.*
7. **Bon courage**
8. **Bon retour**
9. **Bonne année**
10. **Bons baisers**; *baiser—kiss.*
11. **Bonne nuit**
12. **Bonne fête**; used on someone's name (saint's) day.
13. **Bonne chance**
14. **Bonnes affaires**
15. **Bon voyage**

16. Bon rétablissement
17. Bon Noël; also *Joyeux Noël.*
18. Bon vent; sailing or boating expression, used here figuratively.
19. Bon week-end; also *Bonne fin de semaine!* (See also QuickCheck 47.)

When you want to express a very general wish that someone will have fun, say *Amusez-vous bien/Amuse-toi bien.*

On New Year's Eve, many businesses wish their customers *Bonnes fêtes de fin d'année!*

In French, you can also wish someone a "good afternoon": *Bon(ne) après-midi* (it can be either masculine or feminine). Be careful: *bon* has to agree with the noun that follows it. Therefore it is important to know whether a noun is masculine or feminine and singular or plural.

12

1. **la bouche**—*mouth; une fine bouche—a gourmet*
2. **les talons** (m.)—*heels; avoir l'estomac dans les talons—to be famished*
3. **l'os** (m.)—*bone; tomber sur un os—There's a snag/catch/ hitch to it.*
4. **les dents** (f.)—*teeth; être sur les dents*—here; *to be alert/ on guard*
5. **le doigt**—*finger;* **l'œil** (m., pl. yeux)—*eye; se fourrer le doigt dans l'œil—to get hold of the wrong end of the stick; to cut off one's nose to spite one's face*
6. **les doigts**; *se mordre les doigts—to regret something; to be very impatient*
7. **le coude**—*elbow; lever le coude—to have a drink, "to down one"*
8. **la jambe**—*leg; faire quelque chose par-dessus la jambe—to do something sloppily*

9. **les genoux**—*knees* (m. sing.: *genou*); *etre sur les genoux—to be dog-tired/dead tired*
10. **l'œil**—*eye; à l'œil—free, gratis, for nothing*
11. **le cœur**—*heart;* **la main**—*hand; avoir le cœur sur le main—to be helpful/generous*
12. **le bras**—*arm; le bras droit—the right hand*
13. **les oreilles** (f.)—*ears; (é)chauffer les oreilles de quelqu'un—to get on someone's nerves, to drive someone up the wall*
14. **le pied**—*foot; se lever du pied gauche—to get up on the wrong side of the bed, to be in a bad mood*
15. **le nez**—*nose; Ça te (vous) pend au nez.—That will happen to you.*
16. **les pieds**—*feet; Ça lui fait les pieds.—He/She will learn from that; He/She will get a move on.*
17. **la cuisse**—*thigh; se croire sorti de la cuisse de Jupiter—to have an exaggerated opinion of one's own importance*

13

1. **quittera, rendra, seront**
2. **fera, annoncera, verront**
3. **serez, foncerez, aurez**
4. **pousseront, sera, faudra**
5. **se concrétiseront, pourrez**
6. **ira, écouteront, aidera**
7. **construirez, aura, sera, voudrez**
8. **aurez, soutiendront**
9. **mettrez, devrez**
10. **viendront, pourra**
11. **deviendront, accumulerez**
12. **vivrez, maintiendrez**

With (regular) verbs that end in *-er* or *-ir,* the future is formed by adding the future endings *(-ai, -as, -a, -ons, -ez, -ont)* to the basic (infinitive) form, as follows:

je chanter**ai**	nous chanter**ons**
tu chanter**as**	vous chanter**ez**
il/elle chanter**a**	ils/elles chanter**ont**

With irregular verbs, it is best to learn the stem when you first learn the verb, since it cannot be derived. Examples include *avoir = j'aurai, être = je serai, aller = j'irai, pouvoir = je pourrai, vouloir = je voudrai, venir = je viendrai.*

14

1. **False.** It is not a religious holiday.
2. **True**
3. **False.** Mardi Gras is hardly celebrated at all. Only a few towns, such as Nice and Dunkirk, have well-known Mardi Gras parades.
4. **True.** Good Friday is not a holiday, however.
5. **True.** Lilies of the valley are sold on every street corner on May 1, Labor Day.
6. **False.** Labor Day is a holiday. Demonstrations are held in larger cities. Lilies of the valley are sold on the street (see 5).
7. **False.** Ascension Day and Father's Day are not celebrated on the same day in France.
8. **True**
9. **True.** They are Ascension Day and Pentecost.
10. **False.** The French national holiday is July 14. The celebration honors the *Prise (taking, capture) de la Bastille* as the beginning of the French Revolution.
11. **True.** Assumption Day is celebrated all over France.
12. **True**
13. **True**
14. **True.** Only December 25 is a holiday.
15. **False.** Usually celebrated with one's friends (less often, with one's family).
16. **True**

The French name *Mardi Gras* means Fat Tuesday, from the custom of using all the fat in the home before the forty days of Lent, a period during which Roman Catholics would abstain from eating meat in earlier times. Also known as "carnival," this festivity is observed by many. Elaborate parades, costumes, and merrymaking mark the celebration.

15

1. **appellation d'origine contrôlée**; found on wine bottles as a seal of quality
2. **société nationale des chemins de fer français**; the French railroad
3. **curriculum vitae**; the *resume* used in applying for a job
4. **vin délimité de qualité supérieure**; quality seal for wine
5. **syndrome immuno-déficitaire acquis**; AIDS, acquired immune deficiency syndrome
6. **président-directeur général**; *president* or *chairman of the board* of a corporation or other business firm
7. **taxe à la valeur ajoutée**; VAT, *value-added tax*
8. **société anonyme à responsabilité limitée**; corresponds to the American *Inc.*, or the British *Ltd.*, a private company with limited liability
9. **produit national brut**; GNP, *gross national product*
10. **courrier d'entreprise à distribution exceptionnelle**; *postal distribution center* (for business mail)
11. **train à grande vitesse**; the fastest train in Europe
12. **Provence, Alpes, Côtes d'Azur**; composite designation for certain regions of southern France
13. **vélo tous-terrains**; *mountain bike*
14. **société anonyme**; corresponds to the American *(stock) corporation*
15. **bon chic, bon genre**; correct, well-bred

The B.C.B.G. style describes the well-to-do middle class of the western districts *(arrondissements)* of Paris, particularly the 16th arrondissement, and the western suburbs, such as Neuilly.

16

1 c) **2. d)** **3. b)** **4. a)**

In business letters, the salutation generally is simply *Monsieur* or *Madame.* The name is used only if you already know the person *very* well.

If you know the person's profession or position, this information always should be included: for example, *Monsieur le Directeur* for the head of a company, *Maître* when addressing a lawyer, or *Docteur* for a physician.

For the closing, there are several options. The form of address used in the salutation always has to be repeated.

The complimentary closing might be one of the following examples:

- Nous vous prions (Je vous prie) d'agréer, (repeat salutation), l'expression de nos (mes) sentiments distingués.
- Veuillez agréer, (repeat salutation), l'expression de nos (mes) sentiments distingués.
- Veuillez agréer, (repeat salutation), l'expression de nos (mes) sentiments les meilleurs.

In private correspondence, you can close your letter in one of these ways:

- Bien amicalement
- Bien affectueusement
- Gros bisou(s)
- Bon baisers
- Je t'embrasse/Nous vous embrassons

17

1. l (fish soup)
2. b (sauerkraut)
3. e (consists of white beans, sausage, tomatoes, and goose fat)
4. d (traditionally served with butter, sugar, and jam or with an egg)
5. n (brandy made from apples, served as a digestive)
6. h (tripe with carrots and lots of pepper)
7. p (consists of almonds, hazelnuts, and sugar)
8. q (the Bresse region is known as a poultry-farming area)
9. d (most oysters come from Cancale and the Atlantic)
10. b (thin crust with onions, bacon, and creme fraiche, baked in the oven)
11. a (mustard)
12. m (see TIP)
13. c (here: cheese fondue; meat fondue is *fondue bourguignonne*)
14. f (famous wine from the Bordeaux region)
15. k (beef stewed in a sauce of red wine and carrots)
16. i (truffles)
17. i (paté made from goose and duck liver; also produced in Alsace)
18. s (the town of Saint Jean-de-Luz in Southwest France in particular is known for tuna fishing)
19. j (melon; note that *watermelon* is *la pasteque*)
20. r (named for the town where it is made)
21. o (the best beef is said to be available in the northernmost part of the Massif Central)
22. g (mixed salad with green beans, anchovies, and tomatoes)

Don't be shy about asking questions if you don't understand something on the menu. For example, *Qu'est-ce que c'est, le gigot de pré-salé?* Hidden behind that name is a leg of lamb *(pré-salé—salty meadow)*. This dish is from Normandy and owes its name to the fact that the sheep are already "pre-salted" because they graze in the salty meadows at the foot of Mont-Saint-Michel.

→ For more on French food, see QuickChecks 19, 20, 27, and 32.

18

1. **puissiez**
2. **réussisses**
3. **deviez**
4. **n'ait pas gagné**
5. **sachent**
6. **soit**
7. **rentriez**
8. **n'aient pas encore téléphoné**
9. **mette**
10. **veuillent**
11. **ait**
12. **plaise**
13. **téléphoniez**
14. **fassent**
15. **veniez**
16. **fasses**
17. **doive**

What is more subjective than feelings? Wishes and feelings are expressed in the preceding sentences. Key words indicati≠˜ that the subjunctive is required here are, for example, *triste, déçu, content, soulagé, ça m'agace, j'ai hâte, exiger,* and *approuver.*

Regular verbs in the subjunctive end in *-e, -es, -e, -ions, -iez,* and *-ent.* It is easy to confuse these forms with the present tense *(-e, -es, -e, -ent)* and the imperfect *(-ions, -iez).*

With irregular verbs, it is essential to memorize the stem when you first learn the verb, because it cannot be derived from the infinitive. Examples include *pouvoir—vous puissiez; savoir—ils sachent;* and *être—il soit.*

➔ For more on the subjunctive mood, see QuickChecks 8 and 28.

19

1. **All answers are correct.**
2. **a** and **c**, before the meal.
3. **b**
4. **c**
5. **c**
6. **b**
7. **b**
8. **a**
9. **c**

In France, the apéritif is not only a drink, but a form of sociable gathering with an important social function (like the cocktail hour in the United States or teatime in England). Typical drinks served as apéritifs include the so-called *vins cuits* such as Martini and Cinzano [both are brand names], kir, anise-flavored drinks, and whiskey. Cognac and calvados, on the other hand, are not drunk as aperitifs; they are typical digestives *(digestifs)*. Salted crackers and savory snacks are the only type of food served. Many aperitifs are made in Roussillon.

→ For more on French food, see QuickChecks 17, 20, 27, and 32.

20

16 – 19 – 6 – 11 – 20 – 12 – 7 – 4 – 3 – 10 – 17 – 14 – 5 – 1 – 8 – 15 – 18 – 9 – 2 – 13

At a restaurant you will often be asked right at the start whether you would like an apéritif: *Vous désirez un apéritif?* All other drinks, however, are ordered at the same time as the rest of the meal.

As a rule, a meal in France consists of three courses: appetizer, main course, and dessert. There may be intermediate courses as well, however.

You can order a set meal—usually you can choose among two to four dishes for each course. Alternatively, you can order *à la carte* (this usually costs more), that is, compose your own meal by selecting items from the menu separately.

Incidentally, in a good restaurant it is not customary to order only a soup or an appetizer.

Note: The French prefer their beef *saignant* (literally, *bloody*). If you want it cooked longer, then order it *à point.*

→ For more on French food, see QuickChecks 17, 19, 27, and 32.

21

8 – 18 – 5 – 12 – 19 – 4 – 11 – 16 – 15 – 9 – 7 – 20 – 13 – 2 – 14 – 1 – 6 – 10 – 3 – 17

If you're not looking for anything in particular, but just "want to look around," say this: *J'aimerais regarder* or *Est-ce que je peux jeter un coup d'œil?* In a department store you won't always find what you're looking for right away. Ask the clerk: *Où (est-ce que) se trouve le rayon femmes, s'il vous plaît?—Where is the ladies' department, please?* Or: *Où est-ce que je peux trouver les cabines d'essayage?*

➔ For more on clothing, see QuickCheck 22.

22

Z	A	P	R	O	W	D	K	D	C	I	L	E	V
S	N	U	A	N	O	R	A	K	L	M	E	C	A
Q	V	E	B	L	U	A	V	F	Z	P	K	J	E
H	E	U	L	B	E	O	R	O	B	E	D	U	U
T	S	M	R	E	F	A	T	U	B	R	C	P	A
F	T	O	P	A	N	T	A	L	O	N	H	E	C
U	E	C	N	H	S	E	D	A	T	L	A	N	O
D	K	H	E	U	R	I	L	R	T	P	U	L	L
C	H	E	M	I	S	E	D	D	E	N	S	Q	L
S	X	M	T	X	L	O	N	H	S	T	S	O	A
V	I	I	A	S	R	Q	F	G	P	G	E	I	N
I	E	S	H	B	O	N	N	E	T	B	T	T	T
T	A	I	L	L	E	U	R	I	L	L	T	S	H
M	J	E	H	C	E	I	N	T	U	R	E	P	F
A	S	R	Q	F	G	P	G	A	N	T	S	R	A

Did you know that the word *anorak* comes from Eskimo and originally referred to the hooded jackets worn in kayaks? The word *pull* is an abbreviation of *pullover* and comes from English. *Imper* is a shortened form of *imperméable* and means *raincoat.*

Be careful: the French word *veste* means *coat, suit coat;* the word for *vest* is *gilet.*

Here, some other articles of clothing:

le short	*shorts*
le bermuda	*Bermuda shorts*
le survêtement	*track suit*
le jogging	*jogging suit*
le maillot de bain	*bathing trunks, bathing suit*
le tee-shirt	*T-shirt*
la robe du soir	*evening gown*
le smoking	*tuxedo*
la cravate	*tie*
le nœud pap(illon)	*bowtie*
le costume	*suit*

➔ QuickCheck 21 deals with purchasing clothing.

23

1. Moi, mon père, il a une voiture rouge!
2. Ce que vous oubliez, c'est que mon frère a déjà vendu sa voiture!
3. Le laisser tout seul pendant les vacances, ça, Laurent ne l'acceptera jamais!
4. Ce qui est surprenant, c'est que les gens dépensent toujours autant!
5. Peut-être qu'il faudrait être plus compréhensif envers eux! (If you begin the sentence with *peut-être,* it has to continue with *que*; otherwise, the order of the subject and the verb has to be reversed [so-called inversion]: *Peut-être faudrait-il . . .*)
6. Moi, ce que je crois, c'est que ça ne peut pas continuer comme ça!

7. Le problème, c'est que la banque ferme dans une demi-heure!
8. Peut-être que dans quelque temps, ce ne sera plus un sujet de débat!
9. Son ordinateur, c'est tout ce qui l'intéresse!
10. Ce que je ne savais pas, c'est qu'ils ont acheté leur appartement.
11. La vaisselle, tu l'as faite?
12. Du pain, t'as pensé à en acheter, j'espère!
13. Le vin blanc, ça se boit frais!
14. Ça, c'est un programme qui aurait du sens.

The sentences in this test are typical of spoken French. For example, sentence 1 would be written: *Mon père a une voiture rouge.*

Note the structure of these sentences:
- the repetition of the subject by the addition of a pronoun, as in sentence 1 *(mon père, il a . . .)*
- the position of the object at the beginning of the sentence, as in sentences 11–13
- the use of constructions with *c'est que*

The purpose of these constructions is to highlight information that seems important to the speaker. The language becomes more vivid, and emotions are emphasized.

24

1. **la flûte**—*flute* (a specially shaped glass, the musical instrument, and a type of baguette)
2. **l'opération** (f.)—Types of mathematical procedures *(addition, soustraction, multiplication et division),* an operation (medical procedure), financial transactions

3. **la thèse**—*thesis, dissertation (la thèse de doctorat), proposition*
4. **gagner;** *gagner sa vie—to earn one's living; gagner—to win*
5. **obtenir**—*to obtain, get*
6. **tromper** (infinitive). *Il s'est trompé de chemin.—He has taken the wrong way/road. Il s'est trompé dans ses calculs. —He has miscalculated/made a mistake. Vous ne vous êtes pas trompé dans l'addition?—Have you (perhaps) made a mistake in addition?*

In every language, there are words that have several meanings. Usually the context will tell you which meaning is intended. Another word with more than one meaning is *cher:*

mon cher ami—*my dear friend*
Ça coute cher.—*That's expensive.*

25

(1) le 20 mai 1799
(2) en
(3) tôt
(4) dès
(5) plus tard
(6) Après
(7) en
(8) A partir de
(9) Durant la période
(10) tard
(11) Enfin
(12) l'année
(13) A
(14) le 19 août 1850.

The *salons* mentioned in the passage are the so-called *salons littéraires* of the 18th and 19th centuries, where men of letters and those interested in literature met. In addition to reading from literary works, they discussed politics, religion, and science.

Balzac was one of the realistic writers of his era. Some of his novels, including *Le Colonel Chabert*, have been made into successful films. Other famous writers of the time were Flaubert, Maupassant, Stendhal, and Zola.

26

(1) billet
(2) composté
(3) monter
(4) pris
(5) Désolé
(6) savoir
(7) accord
(8) réservation
(9) place
(10) libre
(11) obligatoire
(12) obligé
(13) amende
(14) possible
(15) fair une réclamation

When you want to purchase a one-way ticket at the ticket window, say: *Un aller (simple), s'il vous plaît.* A round-trip ticket is *un aller-retour.*

Today more and more ticket windows are being replaced by vending machines, which also allow you to pay with a credit card.

You must reserve a seat to travel on the *TGV (train à grande vitesse).*

27

1. **la salade de tomates, la terrine du chef, la frisée aux lardons, l'assiette anglaise, le plateau de fruits de mer**
2. **la truite au bleu, la tarte aux épinards, les filets de sole normande, la quiche lorraine, la bouchée à la reine, la coquille Saint-Jacques gratinée.** However, the *entrées chaudes* can also be served as a main course, especially for the evening meal.
3. **la lotte provençale, le coq au vin, le steak au poivre, le poulet rôti**
4. **le plateau de fromages, la mousse au chocolat, la crème caramel, la tarte Tatin**

Some dishes have highly fanciful names. To avoid being unpleasantly surprised, if you are in doubt it is better to ask what the main ingredients are.

The name *assiette anglaise,* for example, conceals a platter of cold cuts, cheese, bread, and butter. The *tarte Tatin* is a kind of upside-down apple tart, named for the originator of the recipe.

Typical mealtimes in France are 11:30 AM to 2 PM and 6:30 PM to 9 PM (the evening meal starts somewhat later than in the United States).

If you want only a light meal or a snack outside the typical dining hours, you can go to a *croissanterie, briocherie, sandwicherie,* or *crêperie.*

It is customary to leave a tip in a restaurant. If you find the abbreviation S.N.C. *(service non compris)* at the bottom of the menu, a tip is absolutely essential. Otherwise, *service compris* applies; that is, service is included, and the amount of the additional tip is up to you.

→ For more on French food, see QuickChecks 17, 19, 20, and 32.

28

1. **Correct**
2. **Incorrect**. The correct answer is: *de peur que le chien s'en aille.* (subjonctif)
3. **Correct**
4. **Incorrect**. The correct answer is: *sans que le conférencier les entende.* (subjonctif)
5. **Correct**
6. **Correct**
7. **Incorrect**. The correct answer is: *en attendant que le rôti soit prêt.* (subjonctif)
8. **Incorrect**. The correct answer is: *S'il s'entraînait mieux.* (imparfait, not conditionel)
9. **Correct**
10. **Correct**

11. **Incorrect**. The correct answer is: *la plus belle ville que nous ayons visitée.* (subjonctif)
12. **Incorrect**. The correct answer is: *Tant que les enfants sont petits.* (indicatif)
13. **Correct**
14. **Correct**
15. **Incorrect**. The correct answer is: *après que leur premier enfant est venu au monde.* (indicatif)
16. **Correct**
17. **Incorrect**. The correct answer is: *à moins qu'il fasse très beau.* (subjonctif)
18. **Incorrect**. The correct answer is: *avait su.*

The subjunctive is used after the expressions *de peur que, à condition que, sans que, avant que, en attendant que, bien que,* and *à moins que.* However, after *après que* the indicatif is always used.

In sentences 10 and 16, the subjunctive is used, although it is identical here to the indicative. In sentence 11 the subjunctive is required by the context: It is the most beautiful city we have visited (thus far), but it is not impossible that we will visit an even more beautiful one someday.

→ For more on the subjunctive, see QuickChecks 8 and 18.

29

1. o A prophet is not without honor save in his own country.
2. h Roughly: Easier said than done.
3. s Practice makes perfect.
4. k Money tells no tales.
5. p There's never smoke without fire. (There's probably some truth to the rumor.)
6. q Meaning: Under certain conditions (si = if), anything is possible.
7. a Once bitten, twice shy, *or* The burnt child dreads the fire.
8. f Roughly: Revenge is sweet.

9. t Meaning: If you want to reach an end, all means are equal. The French *"la fin justifie les moyens"* is the equivalent of the English "the end justifies the means."

10. r All that glitters is not gold.

11. b Caution is the mother of wisdom.

12. n He who ventures, gains.

13. c A thing done well cannot be done quickly. (Similar to 19.)

14. i Like father, like son, *or* He is a chip off the old block.

15. l If youth but knew, if age but could.

16. j Sunshine follows the rain.

17. d A bird in the hand is worth two in the bush.

18. m The game is not worth the candle.

19. e Rome wasn't built in a day.

20. g You can't make an omelette without breaking eggs.

Proverbs can't always be translated literally. Frequently other images are used, as in sentence 7: in French, "the scalded cat dreads the cold water," but in English, "the burnt child dreads the fire." In sentence 19, "Paris" in French becomes "Rome" in English.

30

a) Mme Simon

b) Mme Favier

Nom	**Etage**	**Problème de santé**
Mme Darmont	**4**	**la migraine**
M. Dubois	**3**	**de la fièvre**
Mme Favier	**1**	**un coup de soleil**
M. Granger	**5**	**brûlée par une méduse**
M. Le Goff	**2**	**s'est cassé la jambe**
Mme Simon	**r. c.**	**intoxication alimentaire**

You are familiar with these health problems from the test:

la migraine	*migraine*
le coup de soleil	*sunburn*
se casser la jambe	*to break one's leg*
la fièvre	*fever*
être brulé par une méduse	*to be stung by a jellyfish*

If something hurts, you say:

J'ai mal...	*I have...*
à la tete	*a headache*
aux dents	*a toothache*
au ventre	*a stomachache*
au dos	*a backache*

In an emergency, you can call the emergency medical service *(le S.A.M.U.—Service d'Aide Médicale d'Urgence)* in France.

31

1 – 6 – 5 – 13 – 9 – 3 – 7 – 12 – 2 – 11 – 10 – 8 – 4

Surely there will come a time when you have to ask for directions: *Pardon Madame (Monsieur), pour aller à la gare, s'il vous plaît?* or *Comment est-ce que je peux aller à la cathedrale?* You can also simply ask: *Où est la poste, s'il vous plaît?*

Here are some other important phrases that you can use to give directions to someone else:

prendre à gauche	*to go left, take a left*
tourner	*to turn*
à droite	*right*
à gauche	*left*
continuer tout droit	*to keep going straight ahead*
passer devant	*to go past, pass by*
un feu	*traffic light*

traverser	*to cross, go across*
laisser quelque chose sur sa gauche	*to bypass something*
jusqu'à	*until, up to, down to, as far as*

32

(1) **Epluchez**
(2) **Egrenez**
(3) **coupez**
(4) **Gardez**
(5) **Faites**
(6) **réservez**
(7) **Faites**
(8) **jetez**
(9) **oubliez**
(10) **faites**
(11) **Passez**
(12) **incorporez**
(13) **Remettez**
(14) **Versez**
(15) **ajoutez**
(16) **mélangez**
(17) **décorez**

Did you notice that all the verbs you used to fill in the blanks in this recipe are in the imperative mood?

Note that there are two verbs that are used to express *to cook.*

- faire la cuisine—*to do the cooking (general)*
  Je n'ai pas envie de faire la cuisine aujourd'hui.—I don't feel like cooking today.
- faire cuir—*to cook something in the oven/on the stove*

Also: *bien cuit—well done*

→ For more on French food, see QuickChecks 17, 19, 20, and 27.

33

1. **en** train, **en** avion, **en** voiture, **à** bicyclette.
   Note: these are always without the article! When speaking of transportation, the French also say *par avion, par bateau.*
2. **de** Brest, **des** Etats-Unis, **de** La Rochelle, **d'**Alsace, **du** Sud de la France

3. **à** Montpellier, **au** Liban, **en** Bretagne, **dans** le Périgord, **dans** les Alpes, **au bord de** la mer, **à** la poste, **à** l'école, **au** lycée, **à** l'opéra, **au** cinéma, **chez** le boulanger, **chez** ses beaux-parents.
4. **par** Reims, **par** la Lorraine, **par** la vallée de la Loire

On y va? corresponds to *Are we going? Va* comes from *aller,* which can mean not only *to go* and *to walk*, but also *to drive, to go by car*. If you want to say that you are going to travel somewhere, the following rules generally apply:

- *à* before the names of cities and towns
- *en* before feminine country names
- *au* before masculine country names
- *chez* before the names of persons
- *dans* before the names of mountains and the *départements* of France

With city names that contain an article, one says, for example, *aller au Havre/à la Rochelle/au Mans.*

If you are only *passing/traveling through (traverser),* then you don't need any preposition at all; it will already be present in the verb: *traverser Orléans, les Vosges,* and so forth.

34

Patrick probably would go to the centre équestre (4) and possibly see the Spectacle Son et Lumière (5).

1 is designed more for families with fairly young children (pony rides).
2 is not his taste in music.
3 A boat trip is not of great interest to Patrick.

In many castles, a so-called *spectacle son et lumière* is presented for the public several evenings each week. Against a background of light and sound effects, the visitors are guided through various centuries of French history on the castle grounds. Actors and actresses in period costumes present short scenes. Since these presentations take place outdoors, they generally are scheduled only in the summer.

35

1. k He's a very strong guy.
2. e Everything's fine./Everything's cool.
3. m It's drudgery.
4. f It's awfully expensive.
5. b You're out of luck.
6. d Your pants are super.
7. j Where are my slippers?
8. c Where do you live?
9. h Shall we "have a bite"?
10. l So long! I'm out of here!
11. n Shall we go for a drink?
12. g I'm groggy.
13. a That's disgusting.
14. p That's funny.
15. i Give me a call sometime!
16. o I don't give a damn./I don't give a hoot.

In some quarters and suburbs of Paris, a slang is spoken that many of the French themselves cannot understand. It is characterized by reversal of the syllables. For example, instead of *l'envers (reverse, opposite),* they say *verlan.* And in a song that was once written in this slang, the singer Renaud replaces *laisse tomber (drop)* with *laisse-béton (cement). Verlan* slang is quite popular among some adolescents.

36

10 – 7 – 5 – 9 – 2 – 6 – 3 – 1 – 8 – 4

Depending on your pocketbook, there are various types of accommodations available. The quality and price category of hotels is indicated by the number of stars awarded by the tourist authorities:

*	hôtel simple
**	bon confort
***	grand confort
****	très grand confort
LUXE	grande classe, palace

In addition, accommodations can also be found in some farmhouses *(à la ferme),* in inns (*à l'auberge,* f.), or even in some castles *(au château).*

37

1. **False.** *Le Prix de l'Arc de Triomphe* is a horse race.
2. **True.** *Traverser à la rame—cross in a rowboat.*
3. **True**
4. **False.** *Le Tournoi des Cinq Nations,* by the way, is a rugby tournament.
5. **False.** Its geographic location makes France ideal for water sports.
6. **False.** This is a car race.
7. **False.** Not the second, but the first division.
8. **True**
9. **False.** *Le Tour de France* is probably the most famous bicycle race in the world.
10. **True.** Florence Arthaud *le voilier—sailboat*
11. **False.** It is a figure-skating competition held in Paris.
12. **False.** He was an aviator.

13. **True.** However, not only trucks, but passenger vehicles and motorcycles enter as well.
14. **True**
15. **True** (see TIP)
16. **False.** Not table tennis (Ping-Pong), but tennis.
17. **True.** *la course de moto—motorcycle race*
18. **False.** He is a tennis player.
19. **False.** Six times in succession—from 1927 to 1932—France won this tennis tournament, then did not win it again until 1991.
20. **True.** This figure-skating pair won the silver.
21. **True**

Senior citizens in particular are fond of playing *pétanque* in southern France. The object of this game, which is played on a sandy area as level as possible, is to roll a metal ball as close as possible to a smaller wooden ball that was thrown previously. Incidentally, there are 7,772 pétanque clubs in France!

Jouer (to play) is used with the preposition *à* in French when referring to types of sports and parlor games, as in these examples: *jouer à la pétanque/au tennis/au football/aux cartes.* With musical instruments, however, the preposition *de* is used: *jouer du piano/de la guitare.*

Here are a few more types of sports:

faire de la voile	*to sail (in a sailboat)*
faire du vol à voile	*to glide*
faire de la bicyclette	*to ride a bicycle*
faire du ski	*to ski*
la danse sur glace	*ice dancing*
faire du surf	*to surf*
faire de la planche à voile	*to windsurf*
le véliplanchiste	*windsurfer*

By the way, in France there is even a daily newspaper devoted entirely to reporting sports news. It is called *L'Equipe.*

38

1. **False**
2. **True**
3. **False**
4. **False**
5. **False**
6. **False**
7. **True**
8. **True**
9. **True**
10. **False**

Every day 15,000 visitors come to this park, whose buildings reflect a mixture of old and modern architectural styles. At the entrance to the center stands the statue of a cow to remind us that the Paris slaughterhouse—also known as *La Villette*—once stood on this spot.

The style of *La Grande Halle* is also a reminder of La Villette's past. Entertainment shows, small trade fairs, and concerts are held in there.

Incidentally, *La Villette* can be easily reached from the center of Paris on the Metro or via canals.

39

1. b Sentence a is correct gramatically, but it is not in common use. The infinitive construction is used because *on* is the subject of both parts of the sentence.

2. b Here, *Je n'ai pas compris. Qu'est ce qu'il a dit?* would be correct. To avoid indirect discourse, *Qu'est-ce que* has to be changed to *ce que.*

3. a In making a comparison, *que* is used.

4. a *An hour ago* is translated as *il y a une heure.* (point of time in the past)

5. b *En ce moment = maintenant. Au moment où* is used as a conjunction—*at the time when.*

6. a After *aimer, ne pas aimer, préférer, adorer,* and *détester,* the definite article—*le, la, les*—follows, as in this example: *Je déteste le jazz.*

7. b The past tense of reflexive verbs is formed with *être*. No exceptions!

8. a Sentence b is a double negative.

9. b

10. a *Mal* is an adverb and modifies a verb; *mauvais* is an adjective and modifies a noun.

11. b *De* is used after many adjectives including *content, fier,* and *responsable*.

12. b *Son, sa,* and *ses* are used with *il* and *elle; leur* and *leurs* are used in connection with *ils* and *elles.*

13. b The object immediately follows *raconter,* as here: *raconter une histoire.*

14. a After *beaucoup de, trop de, assez de,* and *(un) peu de*, no definite article follows: *trop de nuages, assez de vent, peu de pluie.*

40

10 – 5 – 9 – 3 – 8 – 1 – 7 – 6 – 11 – 4 – 2

(1) Que désirez-vous?
(2) c'est un appartement ou une maison?
(3) Avec vue sur la mer?
(4) Elle a combien de pièces?
(5) La cuisine est indépendante de la salle de séjour?
(6) Les toilettes sont séparées de la salle de bains?
(7) Elle fait quelle superficie?
(8) Est-ce qu'il y a un jardin?
(9) Elle est une rue à grande circulation?
(10) Et il faut aller loin pour faire les courses?
(11) Et y a-t-il un garage?

Here are more words related to housing:

l'appartement (m.)	*apartment*
la salle de bains	*bathroom*
les toilettes	*toilet*
la cuisine	*kitchen*
la salle à manger	*dining room*

la salle de séjour	*living room*
la chambre à coucher	*bedroom*
la pièce	*room*
la superficie	here: *floor space*
le vestibule	*hall, vestibule, lobby*
l'entrée (f.)	*entrance, entry*
le jardin d'hiver	*greenhouse*
le grenier	*attic*
la cave	*cellar*

41

1. a), c)
2. c), d)
3. a), b), c)
4. a), b), d)
5. b), c)
6. a), b), d)
7. a), b), c) Roughly equivalent to: *Ça ne va pas très bien.*
8. a), b), d)
9. b), c), d)
10. b), c), d)
11. a), b), c)

Basically a question can be formulated in three ways. The meaning remains the same; only the level of usage changes.

A Without an Interrogative

1		Vous parlez français ?
2	Est-ce que	vous parlez français ?
3		Parléz-vous français ?

B With an Interrogative

1		Vous habitez où ?
2	Où est-ce que	vous habitez ?
3	Où	habitez-vous ?

The forms that appear in the first and second sentences are standard French. The forms appearing in the third sentences represent a more refined or more elegant way of speaking.

42

jaune: la poste, le citron, la banane, le soleil, la paille, le mimosa, le canari

rouge: le sang, l'amour, la cerise, la fraise, la tomate, la framboise, la tulipe, les pompiers, le rubis, l'hémoglobine

bleu: le ciel, la mer, le bleuet, le saphir, le cobalt

blanc: la neige, le nuage, la chantilly, la meringue, les dents, la colombe, la craie, la tulipe, le lait, le sel

vert: les feuilles, l'herbe, le persil, les épinards, l'avocat, l'émeraude, la pistache, le gazon

noir: le deuil, la mort, la nuit, le tunnel, l'humour, le charbon, l'ébène

rond: la balle, le ballon, la pleine lune, la roue, la pièce de monnaie, le cercle, la bague, l'anneau

The endings of adjectives are determined by the nouns they modify; that is, the ending can be masculine or feminine, singular or plural.

➔ For more on this topic, see QuickCheck 44.

43

1. **vous, nous, vous**
2. **t'**
3. **le**
4. **les, moi, les**
5. **les, leur, lui**
6. **les**
7. **le, en**
8. **nous, y, y**
9. **y, en**
10. **toi, le, nous, en**
11. **eux**
12. **y, en, leur, en, le**

In order to choose the correct personal pronoun, it is helpful to be very familiar with the verbs:
rencontrer quelqu'un: direct object, *les*
téléphoner à/demander à quelqu'un: indirect object, therefore *leur*
en revenir, because one says *revenir de*
s'y intéresser, because it is *s'intéresser à quelque chose*
en penser/en parler, because it is *penser de/parler de quelque chose*

The word *y* can also designate a place *(there, to that place),* as in sentences 8 and 9.

The pronouns *moi, toi, lui/elle, nous, vous, eux/elles* lend special emphasis when they stand alone: *C'est moi.*

44

A

1. **pauvre**
2. **jeune**
3. **laid**
4. **inconnu**
5. **petit**
6. **large**
7. **lent**
8. **triste**
9. **malheureux**
10. **désagréable**
11. **bête**
12. **monotone**
13. **ennuyeux**
14. **banal**
15. **possible**
16. **utile**
17. **injuste**
18. **mauvais**
19. **sain**
20. **noir**

B

1. **riche/pauvre**
2. **vieille/jeune**
3. **belle/laide**
4. **connue/inconnue**
5. **grande/petite**
6. **étroite/large**
7. **rapide/lente**
8. **gaie/triste**
9. **heureuse/malheureuse**
10. **agréable/désagréable**
11. **intelligente/bête**
12. **variée/monotone**
13. **amusante/ennuyeuse**
14. **originale/banale**
15. **impossible/possible**
16. **inutile/utile**
17. **juste/injuste**
18. **bonne/mauvaise**
19. **malade/saine**
20. **blanche/noire**

If you want to place special emphasis on a quality, you often use a comparison (simile). Here are a few examples:

blanc comme neige	*(as) white as snow*
doux comme un agneau	*(as) meek/gentle/mild as a lamb*
connu comme le loup blanc	*known by everybody, known far and wide*
riche comme Crésus	*(as) rich as Crœsus*
rapide comme l'éclair	*(as) quick as lightning*

In French, the adjective always agrees with the gender of the noun it modifies: *le vieux monsieur/la vielle dame.* In addition, it agrees with the noun it modifies in number as well (singular or plural): *les jeunes enfants.*

45

1. d)
2. b)
3. c)
4. b)
5. a), e)
6. c)
7. d)
8. b)
9. d)
10. a)
11. a), e)
12. a), e)
13. a)
14. b)
15. a), e)
16. b)
17. b)
18. a)
19. c)
20. a)
21. c)

In French, you can respond to *Merci* by saying *De rien* or *Je vous en prie.*

When expressing a wish or a request, never say *Je veux . . .,* which sounds extremely impolite. Instead, always say *Je voudrais . . .* or *J'aimerais . . .* In general, using the conditional when speaking to someone will get the best results.

When you have to refuse something or decline an invitation, you can—depending on the situation—preface your response with *Je regrette/Non, merci/Je suis désolé(e).*

46

A

1. **Allô?**
2. **parler à** – *speak with/to*
3. **de la part de**; *C'est de la part de qui? – Who is speaking/ calling?*
4. **passe**; *passer* – here: *transfer, put through*
5. **ligne**; *être en ligne – to be on the line already*
6. **patienter** – *to be patient, to wait patiently*
7. **rappellerai**; *rappeler – to call back*
8. **Entendu** – *all right, understood*
9. **transmettrai**; *transmettre – to give a message*

B

1. **rendez-vous** – *appointment.* Has nothing to do with a "rendezvous."
2. **convient**; *Ça vous convient? – Is that convenient (OK) for you?*
3. **prendre** – here: *see*
4. **urgent** – *obvious!*
5. **passer** – *come in*
6. **attendre** – *wait*

In France, people don't usually answer the phone by giving their name when receiving a call at home; they simply say *Allô.* Businesses and other institutions answer by stating the name of the organization. If a call is not for you and you want to go get the person requested, say this: *Ne quittez pas.—Hold the line/ Hold on.*

47

1. le fast-food (restaurant) – **le restovite**; made up of *restaurant* and *vite – fast.*
2. le hit-parade – **le palmarès**
3. l'hovercraft – **l'aéroglisseur** (m.)
4. les teenagers – **les adolescents** (m.), short form: *l'ado*
5. le walkman – **le baladeur**

6. le milk-shake – **le lait battu**
7. flirter – **conter fleurette** à quelqu'un
8. les stars – **les vedettes** (f.)
9. les cameramen - **les cadreurs** (m.)
10. le make-up – **le maquillage**
11. le look – **l'allure** (f.)
12. le tee-shirt – **le tricot de peau**
13. le house-boat – **la pénichette**
14. le trench – **l'imperméable** (m.) literally, *impervious, waterproof*
15. le shopping – **le lèche-vitrines**
16. le self-service – **le libre-service**
17. le fax – **la télécopie**
18. le ticket – **le billet**
19. le jet – **l'avion** (m.) **à réaction**
20. le job – **le travail**
21. le brain-storming – **le remue-méninges**
22. le know-how – **le savoir-faire**
23. les managers – **les manageurs** (m.)
24. le marketing – **la mercatique**
25. le business – **les affaires**
26. le week-end – **la fin de semaine**

The term *franglais* is made up of *français* and *anglais* and refers to the adoption of English expressions into French.

In 1635, during the reign of Louis XIII, the Académie Française, or French Academy, was established to protect and preserve the French language. As a rule, it has forty members—known as *Académiciens* or *Immortels*—who are selected for life. The members include writers as well as scientists and scholars. The Académie Française tends to oppose the increasing Anglicization of the French language.

48

1. **s'est introduit**, because the action is not repeated.
2. **étaient absents**, since the action has already occurred; that is, the owners were away when the thief broke in.
3. **était restée seule**, see 2.
4. **a entendu du bruit**, see 1.
5. **s'est approchée**, see 1.
6. **s'est précipité sur elle**, see 1.
7. **a exigé**, see 1.
8. **se trouvaient les bijoux**, see 2.
9. **a pris**, see 1.
10. **a neutralisé**, see 1.
11. **l'a ligotée**, see 1.
12. **a réussi**, see 1.
13. **avait**, since the thief was already 30 before the break-in occurred; see 2.
14. **mesurait**, since the thief was that tall before the break-in occurred; see 2.
15. **portait**, since the thief was wearing the jacket when he broke into the house.
16. **ont libéré**, see 1.
17. **ont déclaré**, see 1.
18. **a pénétré**, see 1.
19. **a pu**, see 1.
20. **menait**, since the elevator was always there; see 2.

Uses of the *passé composé* and the *imparfait* frequently cause problems, but you can use this rule of thumb:

The *passé composé* is used for past actions that have been completed and/or actions that follow one another.

The *imparfait*, on the other hand, is used to describe a past action that has not been completed, or which is a routine (repeated) action. It is also used to describe a condition, such as age, weather, etc. For example: *Quand j'étais jeune, je jouais du piano.—When I was young, I played the piano.*

When a past action is still going on when a new action begins, the one already in progress is in the *imparfait*, while the newly begun action is in the *passé composé.*

In a story, the *passé composé* is used for the main action or plot, the *imparfait* for the secondary plots (that is, everything that cannot be assigned to the main chain of events, i.e., the background elements).

49

1. **Cannes**
2. **Carnac**
3. **Loire**
4. **Pyrénées**
5. **Biarritz**
6. **Reims**
7. **Normandie**
8. **Marseille**
9. **Limoges**

Solution: **Saint-Malo**

							↓				
1.		C	A	N	N	E	S				
2.			C	A	R	N	A	C			
3.					L	O	I	R	E		
4.			P	Y	R	É	N	É	E	S	
5.	B	I	A	R	R	I	T	Z			
							-				
6.				R	E	I	M	S			
7.			N	O	R	M	A	N	D	I	E
8.	M	A	R	S	E	I	L	L	E		
9.				L	I	M	O	G	E	S	

Saint-Malo is part of Brittany, and is also known as the city of the corsairs *(la cité des corsaires)*. Because of their courage, the king placed the pirates who had their headquarters there in his service (seventeenth and eighteenth centuries). A monument was erected to one of the most famous, Surcouf.

During the Second World War, Saint-Malo was almost completely destroyed. The historic center of the city, however, has been faithfully restored.

By the way, Brittany has its own language: Breton, or *Breizh*, as they say there. The word *menhir (a prehistoric monument consisting of a single, tall, upright megalith)* is of Breton origin.

50

1. **a: manifestation** (also *manif* for short)—*demonstration; démonstration—exhibition, show*
2. **a: la lecture**—*reading; le lecteur/la lectrice—reader.* A *lecturer* is *un conférencier*
3. **b: sensible**—*sensitive; rationnel, avoir de bon sens—sensible*
4. **a: comprimé** (e.g., *comprimé d'aspirine)—tablet*, but not *une tablette de chocolat—a bar of chocolate*
5. **b: ordonnance**—*prescription*, but not *recette (de cuisine)—recipe*
6. **b: la scene**—*stage; étage* designates a floor of a building (e.g., *troisième étage—third floor*)
7. **b**
8. **b: commission**—*commission; provisions—shopping*
9. **a: plateau**—*tray;* for *tablette,* see 4b
10. **b: ligne**—*figure; figure—face*

Faux amis are words that closely resemble each other in French and English, but are very different in meaning. So be careful whenever a word looks "too easy." It could be a "false friend."

Glossary

The following definitions apply to the tests in this book. Some of the words have other meanings as well.

QuickCheck 1

ravi	delighted, very happy
accueillir	welcome, receive
je vous prie	please

QuickCheck 3

au-delà de	beyond
le stage	training course
les secours	emergency rescue teams/service
soigner	to take care of, look after
malgré	despite, in spite of
par-dessus	over
envers	toward
escalader	to climb, scale
rapporter	to return, bring back
pas grand-chose	not much, insignificant
s'interroger sur	to ask oneself, wonder

QuickCheck 5

le langage	language
fournir	to provide, furnish, supply

QuickCheck 6

vachement *(very informal)*	very, awfully

QuickCheck 7

adoucir	to soften, subdue
aiguiser	to sharpen

QuickCheck 8

insupportable	unbearable, intolerable
l'usager (m.)	user
indispensable	indispensable, absolutely necessary
se remettre	to recover (oneself)
grand temps	high time
falloir	to be necessary, to be proper (must, should)

QuickCheck 9

l'acier (m.)	steel
être contesté	to be controversial
le long de	all along, all through

QuickCheck 10

relier	to connect, to link
taper	to type
il suffit de . . .	it is sufficient to . . .
gérer	to manage
s'inscrire à	to register
le baccalauréat	(French) high school graduation exam
le cadre	top executive

QuickCheck 12

être en alerte	to be on the alert
fourrer	to poke, to thrust
agacer	to irritate
pendre	to hang (down)

QuickCheck 13

le bélier	Aries
le signe	sign
conquérant	thirsty for conquest
l'héritage (m.)	inheritance
le taureau	Taurus
récompenser	to reward
les gémeaux	Gemini
foncer	to dash, to rush, to charge
le cancer	Cancer
flirter	to flirt
le lion	Leo
le domaine	area, sphere
la vierge	Virgo
l'exercice (m.) physique	physical exercise
la balance	Libra
l'avenir (m.)	future
le scorpion	Scorpio
exposer	to state, to set forth
le sagittaire	Sagittarius
le capricorne	Capricorn
pimenter	to make pungent or spicy
le verseau	Aquarius
le lien	bond, tie
accumuler	to accumulate
les poissons	Pisces

QuickCheck 14

le muguet	lily of the valley
l'Ascension (f.)	Ascension Day
honorer	to honor
déposer	to lay down, to place

QuickCheck 16

le guichet	ticket counter
le compte	account/statement
le solde	balance
débiteur	balance owing, negative balance
le montant	amount, sum
ci-joint	herewith, enclosed
verser	to pay
branché	connected
la ponctualité	punctuality
l'oubli (m.)	oversight
afin de	in order to
honorer	to honor, to discharge, to meet
accorder	to grant, to concede
le délai	extension of time
supplémentaire	additional

QuickCheck 18

le supporter	fan
se taire	to be silent, to be quiet
être soulagé	to be relieved
la hâte	hurry
exiger	to demand
la famine	famine
le trafic de la drogue	drug dealing

QuickCheck 19

salé	salted

QuickCheck 20

l'ail	garlic
le persil	parsley
la ciboulette	chive
la noix	nut; walnut
l'entrecôte (f.)	steak cut from between the ribs

QuickCheck 21

le col roulé	turtleneck collar
ceci	this, this thing

QuickCheck 22

foulard	silk scarf

QuickCheck 23

décevoir	to disappoint
dépenser	to spend
bavard	chatty, talkative

QuickCheck 24

subir	to undergo, to suffer
s'efforcer de . . .	to exert oneself, to endeavor, to strive
le bureau d'études	research department

QuickCheck 25

la nomination	appointment
fréquenter	to frequent
l'échec (m.)	failure
la réussite	success
se succéder	to follow one another
les mœurs (f. pl.)	morals; manners and customs
le conte	story, tale
l'œuvre (f.)	work
l'adolescence (f.)	adolescence

QuickCheck 26

composter	to date or invalidate (a ticket)
être en règle	to be in order, to have everything in order
l'amende (f.)	fine, penalty

faire une réclamation	to make a complaint, to protest
auprès	near, by, close by

QuickCheck 28

de peur que	lest, for fear that
à condition que	on condition, provided that
les précautions	precautions
obtenir	to get, to obtain
le rôti	roast
s'entraîner	to practice
bien que	although
arroser	to water
tant que	as long as, as far as
à moins que	unless

QuickCheck 29

forger	to forge, to hammer
s'échauder	to burn oneself
la vengeance	revenge, vengeance
craindre	to fear
le nid	nest
forgeron	(black)smith

QuickCheck 30

l'intoxication (f.) alimentaire	food poisoning
la rez-de-chaussée	ground floor

QuickCheck 32

égrener	to take the seed(s) out of
éplucher	to peel
le dé	die (dice)
incorporer	to add, to incorporate
blanchir	to blanch
bouillir	to boil
à couvert	covered
manier	*here:* to knead (ingredients) together

remuer	to stir
ébullition (f.)	boil(ing point)
le concombre	cucumber

QuickCheck 34

le daim	fallow buck
le cerf	stag
la biche	doe
le biniou	Breton bagpipe
la cornemuse	bagpipe
la harpe	harp
l'embarcadère (m.)	wharf, loading dock, pier
l'écomusée (m.)	museum of ecology

QuickCheck 35

le mec	fellow, guy
baraqué	big and strong
la galère	galley
la fesse	buttock
la godasse	slipper, shoe
crècher	to live
bouffer	to eat greedily, to guzzle
dégueulasse *(very informal)*	disgusting

QuickCheck 36

l'ascenseur (m.)	elevator
la cour	courtyard

QuickCheck 37

aller à la rame	row
le tournoi	tournament
nautique	nautical, water *(attr.)*
décerner	to award
remporter	*here:* to win
l'aviateur (m.)	aviator, flyer

QuickCheck 38

l'arrondissement (m.)	district, ward
la manifestation	event
l'écran (m.)	screen
piloter	to fly/to guide
le sous-marin	submarine
la station spatiale	space station
la coiffe d'une fusée	rocket head
la médiathèque	multimedia center
l'exposition (f.) itinérante	touring exhibition

QuickCheck 39

se reposer	to rest

QuickCheck 40

la location de vacances	vacation rental (house or apartment)

QuickCheck 41

volontiers	gladly, with pleasure, willingly
l'orage (m.)	storm
la tempête	storm, tempest
se garer	to park
la pancarte	large placard or poster

QuickCheck 42

le gazon	grass, lawn
la paille	straw
l'ébène (f.)	ebony
le rubis	ruby
l'anneau (m.)	ring
le bleuet	cornflower
la colombe	dove, pigeon
la roue	wheel

la craie	chalk
l'épinard (m.)	spinach
l'avocat (m.)	avocado
le deuil	mourning, grief
la bague	ring
l'émeraude (f.)	emerald

QuickCheck 43

le courrier	mail
le tiroir	drawer
splendide	splendid
tout juste	just
réfléchir à	to think about, to consider
moi-même	I myself
voter	*here:* to approve (by voting)

QuickCheck 44

laid	ugly
sain	healthy

QuickCheck 45

le genre	kind, type, sort

QuickCheck 47

l'aéroglisseur (m.)	hovercraft, air-cushion boat
le lèche-vitrines; le shopping	window shopping; shopping stroll
l'avion à réaction; le jet	jet plane
le self-service; le libre-service	self service
le savoir faire	knowhow

QuickCheck 48

le cambrioleur	burglar
se précipiter sur	to throw or hurl oneself upon
le butin	booty, spoils
ligoter	to tie up firmly
la fuite	flight, escape
souterrain	underground
ainsi	in this way, thus

QuickCheck 49

la station balnéaire	seaside resort, watering place
une capitale	*here:* center, focus of interest